ものがたり宗教史

浅野典夫 Asano Norio

★──ちくまプリマー新書
116

目次 ＊ Contents

2　キリスト教

まえがき

皆さんは、何か宗教を信じていますか。「この宗教を信仰しています」とはっきりと自覚している人は少数派で、「お葬式や法事にはお坊さんが来るから、うちは仏教かなあ」という人が多数派ではないでしょうか。また、仏式で葬儀をしても、正月には神社に初詣に出かけるし、結婚式をキリスト教の教会で行うことに抵抗感は無いでしょう。

日本古来の宗教は多神教の神道《しんとう》で、様々な自然物や人物を神として祀《まつ》る文化が根底にあります。御利益のありそうな神様を選んで何かをお願いするという現世利益の信仰が一般的だったので、仏教やキリスト教も様々な神々と同じような感覚で取り込んできたようです。

私自身、自分を「なんとなく仏教徒」と思っているのですが、何を信じているのか問われれば答えに窮します。何かの機会にお寺などで手を合わせる場面に遭遇すると、合掌しながら何を考えていればいいのかいつもとまどいます。実は、自分なりにブッダの教えや仏教の歴史、家の宗派についても一通り調べてみました。しかし、それが信仰には繫《つな》がらなかったので、いまだに「なんとなく仏教徒」なのですが、勉強することで自分なりに仏教の理解ができ、発見もありました。

世界には様々な宗教があります。キリスト教（信者数二十億人）、イスラーム教（信者数十三億人）、仏教（信者数三億六千万人）は、民族や国境を超えて信仰されている世界宗教で、この三宗教の信者だけで世界人口の半分以上を占めます。

一方、おもに特定の民族や地域で信仰されているのが民族宗教です。世界的な広がりはないものの、この中には九億人の信者をもつインドのヒンドゥー教や、一神教の母胎となったユダヤ教など、重要な宗教があります。

国境を越えて人々の動きが日々活発になっている現代において、主要な宗教について基本的な知識を持っておくことは、ますます重要になっていると思います。日本に住んでいても、学校や地域や職場で、たとえばムスリム（イスラーム教の信者）と出会うことが少しも珍しくない時代なのですから。

また、宗教は個人の内面の問題でありながら、一方で多くの人を結びつけて大きな社会的勢力にもなります。社会的勢力としての宗教が、歴史上大きな役割を演じたことは何度もありましたし、現在でもその影響力に変わりありません。現代社会を読み解く時、やはり宗教の知識は必要となってくるでしょう。

「なんとなく仏教徒」にとっては、ユダヤ教など一神教の、信仰に対する厳しい自覚や神との緊張関係など、想像すら及ばないことも多いのですが、できるだけそれぞれの宗教の持つ論理にそいながら、かつ歴史的背景をふまえて解説を試みました。どの宗教もその内面から眺めれば、独自の説得力や魅力を備えています。その一端でも伝わればと願っています。

1　ユダヤ教

ヘブライ人

ユダヤ教は二つの点で重要な宗教です。ひとつは、一神教という特異なスタイルをもったことで。もうひとつは、ユダヤ教からキリスト教とイスラーム教が生まれたということで。実は、キリスト教とイスラーム教は、ともにユダヤ教から生まれた兄弟宗教なのです。

ユダヤ教に特定の創始者はいません。ヘブライ人という民族の歴史のなかで、しだいに形成された宗教です。ユダヤ教がはっきりとした形で成立してからは、ヘブライ人はユダヤ人と呼ばれるようになり現在にいたっています。

舞台は古代オリエント地方。最古の文明が生まれたメソポタミア地方からエジプトにかけての一帯です。現在の国名でいうと、イラク、シリア、レバノン、ヨルダン、イスラエル、エジプトがある場所です。

オリエント地方では、様々な民族が興亡を繰り返してきました。軍事的経済的に発展し、広大な領土と多くの異民族を支配する民族もいれば、他民族に圧迫される弱小民族もおり、ヘブライ人は後者でした。

ヘブライ人は、前十世紀頃に自分たちの国家を建設するのですが、それ以前は部族ごとに牧畜などをしながら、オリエント地方を放浪していました。定住して安定した暮らしをしたかったでしょうが、すでに他の民族が占有している豊かな土地に、無理やり割り込み領土を獲得するだけの勢力がなかったのでしょう。よりよい土地を求めながら、移動を繰り返していました。

楽園追放

少々話がそれますが、『旧約聖書』という書物があります。キリスト教の聖典ですが、内容はヘブライ人（ユダヤ人）の神話や伝説などをまとめたものです。その冒頭に、楽園追放の物語があります。

神が創造した最初の人間であるアダムとイヴが、神との約束を破り知恵の木の実を食べたため、地上の楽園であるエデンの園を追放されるという話です。それ以来人類は、地に這《は》いつくばり厳しい労働をしなければ生きていけなくなったといいます。

実は、この神話に出てくるエデンの園にはモデルがあるという説があります。メソポタミア文明は、紀元前三〇〇〇年くらいに、ティグリス川・ユーフラテス川の下流地域にシュメール人が建設した多数の都市国家にはじまりますが、そのなかにラガシュとウンマという都市国家がありました。この二都市が、前二六〇〇年頃から前二五〇〇年頃に「グ・エディン」という土地をめぐって戦争を繰り返しています。そしてこのグ・エディンがエデンの園のモデルではないかというのです。争奪戦の対象になるくらいだから、とりわけ肥沃《ひよく》な土地だったのでしょう。それが、のちにヘブライ人によって地上の楽園の代名詞とされたのではないかと考えられるのです。

ティグリス川・ユーフラテス川流域は、非常に農業生産性が高い地域でした。なによりも、麦と羊の原産地であり、麦は一粒播《ま》けば、二十倍から八十倍の収穫があったといわれています。十九世紀のヨーロッパで麦の収穫は五、六倍くらいといいますから、これがどれほどすごいかわかります。

そして、ここがポイントですが、ヘブライ人は、その豊かな土地に住むことができませんでした。その不運を自分たち自身に納得させるため楽園追放の物語が作られたのではないかと思われます。

エジプトへ

ヘブライ人は、安住の地を求めてオリエント地方を移動しつづけました。前一五〇〇年頃には一部がパレスティナ地方（現在のイスラエル）に定住を開始し、また別の集団はエジプトに移動しました。そして、このエジプトに移動したヘブライ人に、ユダヤ教成立に関わる出来事が起きることになります。

古代エジプトの歴史は、古王国（前二十七～前二十二世紀）、中王国（前二十一～前十八世紀）、新王国（前一五六七～前一〇八五年）に区分されます。ピラミッドが建設されたのは古王国時代、ヘブライ人の移住は新王国時代のことでした。

新王国は、積極的対外政策をおこない、地中海西岸に進出しシリア・パレスティナ方面にまで領土を拡げました。トトメス三世（前十五世紀中頃）の時にエジプトの領土は史上最大となり、この頃にヘブライ人はエジプトに移動したと思われます。

新王国で有名なファラオ（王）に、アメンホテプ四世、別名イクナートン（前十四世紀中頃）という人物がいます。エジプトは多神教の世界で、時代とともに信仰をあつめる神も変化するのですが、新王国で最も信仰されていたのがアメン神です。アメンホテプという王名にアメン神の名が含まれているほどです。そして、アメン信仰が強くなるにしたがい、アメン神に仕える神官たちの勢力が、王権を左右するほどに大きくなっていました。

そこで、アメンホテプ四世は神官たちの勢力を排除するため、アメン神の信仰を禁じ、唯一神アトンの信仰を強制しました。アトン神は太陽を象徴する神です。唯一神ということは、他の神々を認めないということです。自らも「アトン神の役に立つ」という意味のイクナートンと改名しました。イクナートンは古代エジプトの宗教改革者と呼ばれ、この時代は、芸術もワンパターンから抜け出して非常に写実的な彫刻などが作られています。

しかし、イクナートンが亡くなると、アメン神官団は勢力を回復し、次のファラオにアトン信仰を棄《す》てさせ、アメン信仰を復活させました。このファラオが黄金のマスクで有名なツタンカーメンです。ツタンカーメンの正式名は、トゥット・アンク・アメン。アメン神の名が含まれています。

ここで注意して欲しいのは、ヘブライ人がエジプトで暮らしていたその時に、一神教の宗教改革がおこなわれていたということです。このことはユダヤ教成立との関係で重要になってきます。

モーセ

豊かなエジプトに魅せられ移住したヘブライ人でしたが、その暮らしは決して恵まれたものではなかったようです。ファラオは、ヘブライ人の人口がどんどん増加していくのを知ると、その勢力拡大を恐れ、奴隷同様に使役するようになりました。また、ヘブライ人が増えないように男子が生まれたらナイル川に投げ捨てて殺すように命じたとも伝えられています。そこで、前十三世紀頃、ヘブライ人たちはエジプトからの脱出を敢行します。この事件が『旧約聖書』の中でも有名な「出エジプト」の物語になっています。

エジプト脱出のリーダーになったのがモーセです。『旧約聖書』によれば、モーセの母親は、ヘブライ人の男子を殺すようにというファラオの命令にそむいて、生まれたばかりのモーセを籠《かご》に入れてナイル川に流しました。上流から流れてきたこの籠をナイル川から拾い上げたのがファラオの娘で、彼女はモーセを養子とします。モーセの乳母《うば》に雇われたヘブライ人の女が、モーセの母親で、やがてモーセは自分の出自を知る、という実に面白い物語になっています。

王宮で何不自由なく成長したモーセですが、ある日王宮の外でヘブライ人がエジプト人に打たれているのを見て、思わずそのエジプト人を殺してしまいます。

罰を恐れて逃亡したモーセは、遊牧部族の庇護《ひご》の下で暮らすことになるのですが、ある時、シナイ山の麓《ふもと》で不思議な炎を発見します。柴《しば》に炎が立っているのですが、柴は燃えてなくならない。不思議に思いモーセが近づくと、柴の中から神が語りかけてきました。

神の名のり

神は、モーセに対して、自分はお前達の神である、エジプトに戻りヘブライ人を連れ出せと命じます。

モーセは、エジプトのヘブライ人の元に戻っても、自分の話を信じてもらえるだろうかと不安に思ったのでしょう。みんなに神の名を聞かれたらなんと答えるのか、と問いました。

ここで神は自分の名前をモーセに告げます。普通、私たちは、知らない人に名前を教えたり、不特定多数の人々に名前を公開しません。名前というのは単なる記号ではなく、なにがしかその人の人格を分かち持っているという感覚があるからです。信用できる相手であれば、安心して名前を教えます。それは、神も同じで、神がみずから名のるということは、モーセ及びヘブライ人に神が心をひらいている証《あかし》なのです。

神がモーセに告げた名は「あらんとしてある者」、これを三人称で呼ぶと〝ヤハウェ〟です（エホバと表記する場合もあります）。神が名前を明かすことで、ヤハウェ神がヘブライ人にとって特別の神であることが示されたわけです。

エジプト脱出

モーセはエジプトに戻ると、ヤハウェ神の指示にしたがいながら、ヘブライ人がエジプトから離れる許可を得るためにファラオと交渉を開始しました。しかし、ファラオはかたくなで、ヘブライ人の退去を認めようとしません。そこで、ヤハウェ神はエジプト人に様々な災いをもたらしてファラオを追いつめ、その隙《すき》にモーセはヘブライ人全員を率いてエジプトから脱出します。

脱出から一夜明けて、ヘブライ人がいなくなったことを知ったファラオは、軍隊にそのあとを追わせます。逃げるヘブライ人の集団に、エジプト軍が迫って来るのですが、モーセたちの前には紅海が横たわっていて、逃げ場がありません。「こんな荒れ野で死ぬのなら、奴隷でもいいからエジプトにいるべきだった」と、モーセに恨みを言う者も出てきます。動揺しているヘブライ人たちに向かって、モーセは「主の救いを信じなさい」と言い、手にしている杖《つえ》を上げます。すると、ものすごい暴風が吹いて海が二つに割れ、海の底に道ができました。ヘブライ人たちはその道を通って対岸に渡ります。あとから追いかけて来たエジプト軍も、海の道に入るのですが、モーセが手を差し伸べると、とたんに海水が流れ込んで元に戻り、エジプト兵は皆溺《おぼ》れ死んでしまいました。こうして、ついにヘブライ人たちは、エジプトから逃れることができたといいます。

「出エジプト」の物語は、あまりにも荒唐無稽《こうとうむけい》な出来事が多く、現実にあったこととは思えないため、モーセという人物の実在さえ疑いたくなるほどですが、多くの困難を乗り越えてエジプトから逃れてきた歴史的事件を、モーセに仮託して語り伝えるうちに、神の奇跡に彩られた物語ができあがったのでしょう。

十戒

さて、エジプトから脱出したヘブライ人たちは、モーセに率いられシナイ半島に入りました。アフリカとアジアをつなぐ逆三角形の小さな半島です。

この半島にあるのがシナイ山です。一行がその麓で幕営していると、ヤハウェ神が、山に登るようにモーセに命じました。

モーセが命令にしたがい山頂までやって来ると、ヤハウェ神はそこで十カ条の戒律を授けました。これを十戒《じっかい》といいます。これも、実際にはありえない話ですが、戒律を一般信徒に示す際に、神から授けられたという形式をとる必要があったのでしょう。その内容は次のとおりです。

一、あなたは私のほかに、なにものも神としてはならない。
二、あなたは自分のために刻んだ像を造ってはならない。
三、あなたは、あなたの神、ヤハウェの名をみだりに唱えてはならない。
四、安息日を覚えて、これを聖とせよ。主は六日のうちに、天と地と海とそのなかのすべてのものを造って七日目に休まれたからである。
五、あなたの父と母を敬え。
六、あなたは殺してはならない。
七、あなたは姦淫《かんいん》してはならない。
八、あなたは盗んではならない。
九、あなたは隣人について、偽証してはならない。
十、あなたは隣人の家をむさぼってはならない。

一が最も重要な戒律で、ここから一神教がはじまります。ヤハウェ神以外の神を信じてはいけない、神はヤハウェ神のみ、ということです。ヘブライ人は、エジプトでイクナートンによる一神教を経験しています。両者の関連は直接証明できませんが、ヘブライ人がイクナートンの影響を受けていないとは思えません。

二は、いわゆる偶像崇拝禁止の戒律。三は、神の名「ヤハウェ」を軽々しく口にしてはいけないということです。本来は「ヤハウェ」と記してあるところを、聖書によっては「主」と書き換えているのもこのためです。四は、日曜日を休日とする起源となりました。

五以降は、世界共通の一般道徳とでもいうべきものですが、これも神の戒律として示されました。

こうして、ヤハウェ神のみを信仰するヘブライ人の宗教が生まれました。しかし、これはまだユダヤ教成立の第一段階。この宗教がユダヤ教として確立するのは、これから約七百年のちのことです。

ところで戒律とは何でしょうか。よく神と人の契約という言い方をします。ヤハウェ神は、戒律を守れば人々を守り繁栄をもたらす、破れば子孫の代まで災いをおよぼす、とモーセに告げています。一見、神と人が互いにあたえあう互恵関係に見えます。人と人の契約は破棄することができるし、はじめから結ばないことも可能です。

では、内容が不満だからと、十戒を受け取らなければどうなるのか。実はヘブライ人は、十戒を拒否することができません。なぜなら、すでに神の名を明かされてしまっているから。エジプト脱出にあたって、すでにヤハウェ神によって助けられてしまっているから。

俗な言い方になりますが、借りがあるので、ヘブライ人はヤハウェ神を信じなければならない、十戒を守らなければならない、という構造ができあがっているのです。これが神とヘブライ人の契約です。

目には目を

本筋からはそれますが、十戒に関連して付け加えておきます。シナイ山において、ヤハウェ神は十戒以外にも様々な戒律をモーセに授けたことになっています。

その中には、現代の刑法にあたる規定もあり、有名な「目には目を、歯には歯を」という言葉はここで出てきます。「やられたら、やりかえせ！」という意味で考えている人も多いようですが、本来はそうではありません。罪を犯した者への処罰の上限を定めたもので、他人の目をつぶしたら、罰としてその者の目をつぶす、歯を折ったなら、罰としてその者の歯を折る、しかし、決してそれ以上の刑罰をあたえてはいけない、という意味です。

これはメソポタミア地方でおこなわれていた同害復讐《ふくしゅう》という考え方で、ハンムラビ法典はその代表的な法律です。ユダヤ教の戒律も、メソポタミア地方の伝統的な考え方を受け継いでいることがわかります。

バビロン捕囚

『旧約聖書』によれば、戒律を授かったのち、モーセとかれに率いられたヘブライ人の集団は放浪生活をつづけ、長い年月ののちに、パレスティナ地方に定住したとされています。

実際の歴史でも、前十三世紀のエジプト脱出後、ヘブライ人は、前十世紀にはパレスティナ地方に自分たちの国を建てました。ヘブライ王国です。首都はイェルサレム。ここは、のちにイエスが活躍する舞台となり、また、イスラーム教を創始したムハンマドが天に昇った場所とされているため、現在ではユダヤ教、キリスト教、イスラーム教の聖地となっています。

ヘブライ王国は、ダヴィデ王、ソロモン王の時代に中継貿易で大いに栄えますが、そののち南北に分裂。北部にはイスラエル王国（前九二二頃〜前七二二年）、南部にはユダ王国（前九二二頃〜前五八六年）が成立しました。

北のイスラエル王国が、アッシリアにより征服され滅亡したのちも、ユダ王国は独立を保ちましたが、前五八六年に新バビロニア王国によって征服されました。

この時、新バビロニア王国は、ユダヤ教の神殿を破壊し、ユダ王国の民約五万人を首都バビロンに強制移住させました。この事件をバビロン捕囚といいます。

強制移住は、生活基盤を奪うことにより被支配民族の力を削ぎ、抵抗を抑える手段です。オリエント地方ではしばしばおこなわれてきた政策であり、特殊異例なことではないのですが、旧ユダ王国のヘブライ人はこれを非常に深刻に受けとめます。これが、ユダヤ教成立の第二段階です。

かれらは、自問しました。「なぜ、われわれヘブライ人はこんなにひどい目にあうのか？」と。この疑問に信仰が絡みます。「ヤハウェ神を信じているのに、なぜ？」

民族としてヤハウェ神を信仰しているのに、御利益があるどころかひどい目にあうのならば、こんな神様を信仰するのはやめようという考え方もあると思うのですが、かれらは逆の発想をしました。

「われわれは、モーセ以来の戒律をきちんと守り、ヤハウェ神のみに信仰を捧げてきただろうか」と、反省をしたのです。反省というものは、すればするほど際限なく反省点が出てくるものです。省みれば、すべてのヘブライ人同胞が戒律を守ってきたわけではない。戒律を守った者でも、完璧《かんぺき》に守れた者は多くはない。反省のすえ、かれらは「まじめにヤハウェ神を信仰しなかったから、神がわれわれにこんな試練をあたえているのだ」と考えたようです。

その結果、バビロン捕囚という苦難の中で、ヤハウェ神に対する信仰が高まり、民族としての団結心が強まることとなりました。

五十年ほどバビロンに移住させられたあと、新バビロニア王国が滅び、新しい支配者となったペルシア人によって、ヘブライ人は故国のあったパレスティナへの帰還を許されます。帰った人々は喜び勇んでヤハウェ神の神殿を再建し、宗教指導者のもとで熱心に戒律を守りながら生活をするようになりました。

これを以《もっ》て、ユダヤ教が成立したと考えます。この頃には、ヘブライ人は、ユダ王国の呼び名からユダヤ人と呼ばれるようになっており、その宗教もユダヤ教と呼ばれました。

ユダヤ人は、ユダヤ教を自民族のアイデンティティとして守りつづけました。古代オリエント地方で活躍した様々な民族は、やがて歴史の中に消え去っていきましたが、ユダヤ人は、のちに世界各地に離散したのちもユダヤ教を信じるという一点で、民族的自覚を保ちつづけました。

ユダヤ教の特徴

一神教

ユダヤ教の最大の特徴は一神教だということです。イクナートンの死とともに消えてしまったアトン神信仰は別にして、ひとつの神しか信じてはならないという宗教を作ったのはヘブライ人だけです。

それ以外の民族では、様々な神々が共存し、人々は時と場合に応じて違う神に祈ります。古代ギリシア人も、古代ゲルマン人も、中国人もインド人も、多くの神を信じていました。日本人も同様です。日本の固有の宗教は神道ですが、天満宮では菅原道真、稲荷神社にいけば狐、大神《おおみわ》神社では三輪山と、ちょっと思いつくだけでも多種多様な神を祀っています。

したがって、「他の神を信じるな」と命じる神を信じたヘブライ人が特殊だったと考えられます。キリスト教とイスラーム教も一神教ですが、ともにユダヤ教から生まれ、同じヤハウェ神を信じていますから、突き詰めれば一神教は世界にひとつだけといってよいでしょう。

偶像崇拝禁止

一神教という特徴と関連して、「偶像崇拝禁止」というのが二番目の特徴です。

偶像とは、信仰の対象を彫刻に刻んだり、絵に描いたりしたものです。たとえば奈良の大仏をはじめとして、すべての仏像は偶像です。

なぜ偶像を禁じるのか。神（ここでは具体的にはヤハウェ神ですが）の像を造るとします。絶対的な存在であるヤハウェ神の像を人間が造ること自体が不遜傲慢《ふそんごうまん》であるということがひとつ。

また、神像があれば信者は当然これを拝みます。しかし、拝むべき神は唯一神ヤハウェしかいないのに、彫刻を拝むということはヤハウェ神ではないものを神として拝んでいることになる。この行為によって、一神教から、はずれてしまうのです。

だから、十戒のふたつめの戒律で「あなたは自分のために刻んだ像を造ってはならない」となるのです。

偶像崇拝禁止は、キリスト教、イスラーム教にも受け継がれました。どちらの宗教もヤハウェ神の彫刻絵画を決して作りません（キリスト教では、イエスやマリアの図像は作りますが）。

選民思想

三つ目の特徴として、ユダヤ教は選民思想という考えを持ちました。

バビロン捕囚の中でヘブライ人は自分たちの信仰の不十分さを反省しますが、逆方向の理由づけもおこないました。「神は自分たちを選んでいるから、わざわざ試練をあたえてくれているのだ」と。なにしろ、ヘブライ人は神からその名を教えられ、エジプトから救われたのだから、特別にかわいがられている。他の民族は神から選ばれていないから、試練すらあたえられていない、はじめから神に見捨てられている、と考えました。

この考えは、「だから、最後の審判の日にはヘブライ人のみが救われるのだ」というところまで発展します。これが選民思想です。

選民思想をもつゆえに、ユダヤ教はユダヤ人以外の他民族に広がることはあまりありませんでした。

最後の審判

ユダヤ教では、歴史を直線的にとらえ、歴史には終わりの時があると考えます。いつかわからないが終末が来る。その時に、すべての人間が神の前で裁きを受け、生きていたときの態度によって救われて天国に行くか、あるいは罰として地獄に堕ちるかが決められます。
戒律を守れなかった罪人は、当然救われません。

救世主を待望

バビロン捕囚のつらい経験のうちに、ヘブライ人はいつか救世主が現れて自分たちを救い出す、という願望を持つようになります。

この考えは、イエスが登場したときにかれを救世主と考える人々が現れるもとになります。そして、かれらによってキリスト教が作られていったのです。キリストとはギリシア語で救世主の意味です。

イエスを救世主と考えない人がユダヤ人の多数派で、この人々は現在に至るまでユダヤ教徒でありつづけています。

2　キリスト教

イエス誕生前後のこと

キリスト教はイエスから生まれました。イエスは、紀元前四年前後にパレスティナ地方で生まれたユダヤ人です。

その約五十年前に、パレスティナ地方はローマの支配下に入り、イエスの少年時代にはローマの属州となっています。

ローマはイタリア半島の一都市国家に過ぎませんでしたが、紀元前二世紀後半以降、約百年間で急速に領土を拡大し、地中海を囲む広大な領域国家に発展しました。

国政は、元老院議員である貴族たちの集団指導によって運営される共和政でしたが、実力者カエサル将軍暗殺後の混乱を収拾したアウグストゥスが、紀元前二七年、事実上の初代皇帝となり帝政が始まりました。

イエスは、アウグストゥスとほぼ同時代の人であり、激動期のローマ帝国の領土に生きたのです。

ローマの支配と救世主待望

ローマはイタリア半島以外の領土を属州とし、総督を派遣し重税を課しました。属州から搾取された富は首都ローマに集められ、ローマ人たちの豊かな生活を支えました。下層ローマ市民も「パンとサーカス」のサービスを受け繁栄を享受したのです。

ユダヤ人もローマ総督の支配のもとで重税に苦しむことになりましたが、多神教だったローマ人は宗教には寛容だったため、宗教上は以前と変わらない信仰生活を送っていました。

ただ、救世主出現への期待は高まっていました。「この世の終わりが近づきつつあり、救世主が現れる。救世主は自分たちをローマの支配から解放し、神の国が実現される」と信じる人々が現れはじめていたのです。

律法主義

当時のユダヤ教では律法主義が強い影響力を持っていました。これは戒律を厳格に守ろうとする立場で、宗教指導者による戒律の強制はユダヤ人をがんじがらめにしていました。

次に紹介するのは、イェルサレムに派遣された新聞社特派員のコラムで、現代でもユダヤ教徒が戒律を一所懸命守っている様子がよくわかります。

「ある晩、戸をこつこつとたたく音がした。だれかと開けてみると、初老の婦人。同じアパートの住人だといい、『あなたはユダヤ人じゃないでしょう』と聞く。ガスが漏れているみたいなので、栓を閉めてほしいと言うのだ。

そういえば、この日はシャバット。ユダヤ教の安息の日だった。火をともす作業をしてはいけないとされ、中世のユダヤ人たちは非ユダヤ教徒に頼んで火をつけてもらっていた、という話を思い出した。現代では、電気や機械を作動させることがいけないとされ、戒律を守る人々は金曜日の夜から土曜の夜にかけ、それに類する行為を避ける。

車の運転はもちろんだめ。…後略…」（『朝日新聞』「特派員メモ」一九九四年一月二十六日）

十戒《じっかい》に、安息日には休まなければならないという戒律がありました。この婦人は、自分の部屋のガス栓がゆるんでガス漏れがしているのに、自分で閉められない。戒律破りになるからです。だから、戒律に関係ない日本人に栓を閉めてくれと頼みに来たというわけです。

様々な規範が緩んでいる現代ですらこのようなことがあるのです。二千年前の律法主義がどれほど厳しかったか、また戒律を守ることがどれだけ大変か想像できるでしょう。

安息日には、粉ひき、パン焼きもしてはいけません。火をつけるのもだめ。すると食事はどうしていたのか。作り置きした冷たいものを食べていたのか。記事にもありましたが、安息日の戒律には抜け道があり、自分で作業をしなければいいのです。だから、金持ちは人を雇い、温かい料理を作らせればよい。戒律を守りながら快適な生活ができます。

逆に貧乏人はどうか。安息日にも働かなければ生きていけない人々は必ずいたはずです。金持ちに雇われて働いたのはそんな人々だったに違いありません。

罪人たち

律法主義のもとで、安息日などの戒律を守れない者たちは罪人として差別されました。戒律を厳格に杓子定規《しゃくしじょうぎ》に適用すればするほど、結果としては貧乏人が罪人とされていきます。

そして、ローマによる重税で、貧しい人々がどんどん増えていたのが当時のパレスティナ地方のユダヤ人社会でした。

また、当時のユダヤ教では、徴税請負人、売春婦、病人、犯罪者、身体障害者、精神障害者も罪人とされました。かれらは最後の審判の時に神に救われないのです。

社会の底辺で苦しみ、最も救いを必要とする人々に、ユダヤ教律法主義は救いをあたえるのではなく、罪人の烙印《らくいん》を押したのでした。現実の生活が苦しいだけではなく、宗教的にも救われないというのは、われわれの想像を超える絶望的な状態だったのではないでしょうか。

こういう状況の中でイエスが登場して民衆の支持を得たのです。イエスが何を言ったか、もう想像がつくでしょう。かれは、最も貧しい人々、戒律を破らなければ生きていけない人々、そのために差別され虐げられた人々の立場に立って説教をするのです。戒律なんて気にしなくてよい、あなたがたは救われると言いつづける、それがイエスです。

たとえば売春婦。罪人とされていますが、自ら望んで売春をする女性はいない。多くは貧困に追いつめられての結果です。人から罪人と非難されなくても、自分を責めながら生きているはずです。そういう女性にイエスは「あなたは救われる」と言う。そしてさまざまな病を患う者。ユダヤ教では、病気そのものが神からの罰と考えられていたため、ひどく差別されていました。イエスはそんな人のところにもどんどん入っていく。そして「大丈夫、救いはあなたのものだ」と言う。

これが、どれだけ衝撃的だったか、人々の胸を揺さぶったか、想像してみてください。

イエスの出生

イエスの母はマリア、父は大工のヨセフ。母は聖母マリアと呼ばれ、日本でも有名ですが、父ヨセフの名前を知っている人は少ないでしょう。父親の影が薄いのには理由があります。

イエスの出生は特殊でした。のちにキリスト教の教義が確立する中で、マリアは処女のまま身ごもりイエスを産んだとされますが、いったいこの話は何を意味しているのでしょうか。

次のようなことが起こったと考えられます。マリアとヨセフは婚約していました。ところが結婚前にマリアのお腹がどんどん大きくなる。誰かと性的関係があったに違いありませんが、その事情はわかりません。ひとつだけ確かなのはヨセフには身に覚えがないこと。不埒《ふらち》な女だ、と婚約破棄しても誰にも非難されません。当時としてはむしろ婚約破棄するのが正しい。聖書を読むと、やはりヨセフは悩んだらしい。しかし、結局はマリアを受け入れて結婚し、生まれたのがイエスです。その後、二人の間には何人か子供が生まれています。イエスの弟妹たちです。

このようなイエスの出生の事情は、村のみんなが知っていたようです。のちにイエスが布教活動をはじめて、自分の故郷の近くで説法をした時です。同郷の者たちが来ていてイエスをやじる。その言葉が「あれは、マリアの子イエスじゃないか!」誰々の子誰々というのは当時人を呼ぶときの一般的な言い方ですが、普通は父親の名につづけて本人の名を呼ぶ。だから、イエスなら「ヨセフの子イエス」と呼ぶべきなのです。「マリアの子イエス」ということは「お前の母ちゃんはマリアだが親父は誰かわからんじゃないか」「不義の子」という意味なのです。他人から、そう呼ばれるくらいですから、イエスの出生は秘密でもなんでもなかった。当然、イエス自身もそのことを知っていたでしょう。

ユダヤ教との関係で言えば、イエスは戒律からはみだした生まれ方をしていたということです。「不義の子」イエスは、だからこそ、最も貧しく虐げられ、絶望の中で生きていかざるを得ない人々の側に立って救いを説くことになったと考えることもできるでしょう。

イエスの教え

イエスの若い時代のことはわかりませんが、多分ヨセフと共に大工仕事をしていたのでしょう。そして、三十歳を超えたあたりから宗教活動を開始します。

注意して欲しいのですが、イエスは生まれながらのユダヤ教徒であり、その宗教活動も新しい宗教の創造をめざしたわけではないということです。その目的は、律法主義に偏っているユダヤ教の改革にあったと思われます。

先ほど触れたことの繰り返しになりますが、イエスの教えの特徴をもう一度見ておきましょう。

戒律を無視

イエスはまず「時は満ちた、神の国は近づいた。悔い改めて福音を信ぜよ」と説きました。神の国が近づくとは、終末と最後の審判がまもなくやってくるという意味です。その時にそなえて準備せよ、罪あるものは悔い改めよ、と呼びかけた。福音は「神の国が到来するという素晴らしい知らせ」と考えておけばよいでしょう。

イエスは、悔い改めるために戒律を守らせるのかというと、それがまったく逆でした。かれは、ユダヤ教の戒律を無視します。最も基本的な安息日も平気で無視する。こんな言葉が残っています。「安息日が人間のためにあるのであって、人間が安息日のためにあるのではない。」そして、みずから安息日に麦を刈り取ったり、病人を治療したりする。それを見ていた人々に衝撃が走りました。

戒律を守れない貧しい人々、売春婦、病人たちに、イエスは言う、「あなたの罪はゆるされた。」ユダヤ教の律法主義では救われないはずの人々こそが、天国に行けると告げるのです。これは、ユダヤ教の教えを百八十度ひっくり返すものでした。

次のような言葉もあります。「医者を必要とするのは丈夫な人ではなく、病人である。私が来たのは正しい人を招くためではなく、罪人を招くためである。」自分は救われない人を救うためにこそ、やって来たのだということです。

では、戒律を守りながら生活してきた金持ちはどうなるのか。イエスの言葉、「金持ちが天国にはいるのは、ラクダが針の穴を通るよりも難しい。」金持ちは天国に行けない、救われないと言うのです。イエスは、お金を使えば守れるような戒律を、形式的に守るだけで救われると考えている者たちを批判しているのでしょう。つまり、律法主義への批判です。

神の愛

なぜイエスはそれまでは救われないとされた人々が、救われると考えたのでしょうか。

イエスは、神の愛を説きます。その愛は、階級や貧富の差、生業《なりわい》や病気の有無などを問わず、すべての人におよぼされる。だから、罪人も、最後の審判の際には神から赦《ゆる》されて天国へ行ける、と。

本来、ユダヤ教が説くヤハウェの神は厳しい怒りの神です。アダムとイヴが知恵の実を食べると、神は怒って二人を楽園から追放し、人類が神を忘れて享楽にふけると大洪水を起こしノア以外の人類を皆殺しし、バベルの塔の建設に怒ると人類を四方に飛ばして言葉を乱しました。怒って罰をあたえる怖い神です。

この神の解釈をイエスは変えてしまった。怒りの神から愛の神へ変えたのです。

隣人愛

そして、神がわれわれを愛してくれるように、われわれも神を愛するように、さらに、隣人を愛するように説きました。「心を尽くし、精神を尽くし、思いを尽くして、あなたの神である主を愛しなさい」「隣人を自分のように愛しなさい」「人にしてもらいたいと思うことは何でも、あなたがたも人にしなさい」等々。

隣人愛は、敵さえも愛せという印象的な説法となります。「もし、だれかがあなたの右の頬《ほお》を打つなら、ほかの頬をも向けてやりなさい。下着を取ろうとする者には、上着をも与えなさい」「『隣人を愛し、敵を憎め』と言われていたことは、あなたがたの聞いているところである。しかし、私はあなた方に言う。敵を愛し、迫害する者のために祈れ。」

ここでも、イエスは常識をひっくり返しています。この地域の伝統は、「目には目を、歯には歯を」でした。だから、右の頬を殴られたら殴り返して当たり前。ところが、イエスは左も殴らせてやれ、と言う。

神が、罪人であるあなたがたを愛し赦すのだから、あなたも敵さえ愛しなさい、という論理です。

人は、それまで疑ったこともなかった常識をバッとひっくり返されたときに、衝撃を受け、強く惹《ひ》かれることがあります。イエスの言葉は、そのような衝撃と魅力に満ちていたのです。

イスラエル

イエスが説法で「時は満ちた、神の国は近づいた」と語りかけたとき、イエスのことを、ローマの支配からユダヤ人を解放する救世主と考えた人々もいました。なぜなら「神の国」という単語は「イスラエル」と発音したからです。「イスラエル」という言葉は過去に栄えたユダヤ人の国家イスラエル王国を連想させました。神の国ではなくユダヤ人国家としてのイスラエルを強烈に意識した者たちは、イエスが宗教家の姿を借りてローマからの独立、ユダヤ人国家の復活を計画しているのだと期待しました。

宗教的な救いや政治的な救い、救世主としての期待、イエスの周りに集まる人々は、様々な思いをイエスに託すようになっていきました。

奇跡

イエスの活動で避けて通れないのが奇跡です。言葉による布教と同時にイエスは行く先々で奇跡を起こします。

奇跡の多くは病癒しで、聖書にはイエスが現れた町や村で、人々が病人を連れてきてごったい返すありさまが描かれています。イエスは、盲目の人の目を見えるようにしたり、血の道で苦しむ女性を治したりと、様々な治療をおこないますが、その中には精神的疾患と考えられるものがかなりあります。「病は気から」とも言いますし、大人気のイエスに言葉をかけてもらうだけでも何らかの効果があったのかもしれません。

病癒しの話の中に気になるものがひとつあります。ゲラサ人の病人を治す話です。この人は頭がおかしくなっていて墓場で裸になって叫びつづけている。周りの人が足かせで縛っても、すぐに引きちぎって石で自分の身体を傷つけます。イエスはゲラサ人の土地にやって来て、かれに憑《つ》いている悪霊を退散させるのですが、この時に悪霊に名を尋ねています。すると悪霊が名のるのですが、その名が「レギオン」。レギオンというのはローマ軍団のことです。この時代のユダヤ人社会がローマの支配にあえいでいたことを思い起こすと、これは単なる病癒しの話を超えた何かを暗示しているようです。イエスが治したという多くの病人の病気とは実のところ何だったのか、考え直す必要があるかもしれません。

病癒し以外には、次のような話があります。

ある時、イエスの説教に数千人が集まりました。イエスの命で、弟子たちがこの聴衆に食べ物を配ったのですが、籠《かご》にはパンが五つと魚が二尾しかなかったのに全員に配れたという話。また、イエスの信者だった若者ラザロが、イエスの旅行中に死にます。死後数日後に旅から戻ったイエスが「ラザロ出てこい」と呼びかけると、ラザロが生き返って墓穴から出てきたという話。

これらは事実とは思われませんが、このような話が噂《うわさ》や評判として流布《るふ》し、その当時の一定の人々が「イエスならありえる話だ」と受けとめたのでしょう。

イエスの活動と死

イエスはユダヤ教の独自な解釈と病癒しなどの奇跡によって、短期間に評判となり、多くの支持者を集めました。かれの行くところには人々が群がるようになります。イエスこそが待ち望んでいた救世主だと考える人々も増えてきます。

しかし、ユダヤ教の指導者たちから見れば、イエスはユダヤ教を否定し、ヤハウェ神を冒《ぼう》瀆《とく》しているとしか考えられません。公然と戒律を破り、律法主義を否定するイエスを放置できなくなりました。

そこで、イエスの信用を落とし、もし落ち度があればイエスを犯罪者として逮捕しようと考えました。ユダヤ教指導者の手先の者たちが信者に紛れてイエスについてまわり言動を監視したり、罠《わな》を仕掛けたりするようになります。

姦淫する女

聖書に姦淫《かんいん》する女の話が出てきます。ある時、ユダヤ教指導者の意向を受けた者たちがイエスの前に一人の女を連れてきます。

その女は、夫がいながら他の男と関係を結んでいたのでしょう。夫婦関係のない肉体関係を姦淫といいます。これは当然戒律違反で、姦淫した女は石打の刑といって、みんなから石をぶつけられて殺される決まりでした。

かれらはイエスに向かって問いかけました。イエスよ、あなたはこの女をどうするのか。これは、罠です。イエスがもし、この女を許すと言えば、戒律違反を堂々と認めることになりますし、戒律云々以前に、姦淫を良しとすれば非常識と非難されるでしょう。ユダヤ人社会でなくとも、姦淫を公然と認める伝統社会はありません。日本でも戦前なら犯罪行為でした。

反対に、「許されない、死刑だ」と言えば、イエスの言動に励まされてきた多くの貧しい者や虐げられた者たちを裏切ることになるわけです。「なんだ、イエスは口ではわれわれの味方みたいに言っているが、いざとなれば戒律を守れというのだな」と思われるでしょう。どちらにしてもイエスは信用を落とすことになる。巧妙な罠です。

この時イエスはこう答えました。

「あなた達のなかで今まで罪を犯したことがないものがいればこの女をぶちなさい。」

女の周りには石を持った男たちが、打ち殺してやろうと取り囲んでいました。けれど、イエスの言葉を聞いて、一人、また一人と石を置いてそこから立ち去って行きました。実に感動的な場面です。しかも、イエスの機知も伝わってきます。

客観的に戒律が正しいかどうか、姦淫が許されるかどうかということはイエスは言わない。あなたはどうなのか。それをみんなに突きつけたのです。

カエサルのものはカエサルに

もう一つ罠の話。やはり悪意を持った連中がイエスに質問します。「イエスよ、われわれはローマ帝国に税を納めるべきかどうか。」

イエスは貧しい者の味方です。納めなくてもいいと言えば貧しい者たちは喜ぶでしょうが、それはローマ帝国に対する明らかな反逆行為になります。死刑にされてもしようがない。納めよと言えば、やはりこれもイエスらしくない発言で支持者は失望するでしょう。イエスはコインを見せよ、といってコインを手に取る。そして、質問したものに逆に質問しました。これは誰かと。ローマのコインには皇帝の肖像が刻まれています。相手は答えます。「カエサル（皇帝）だ。」イエスは言う。「カエサルのものはカエサルに返しなさい。神のものは神に返しなさい。」

税がどうのこうのと言う前に、あなたはちゃんと神に対して正しい信仰を持っているのか、そう言ってイエスは逆に相手をやりこめているようです。

こんなふうにイエスはユダヤ教指導者たちの追及を切り抜けていきます。しかし、かれがユダヤ教のあり方を批判するだけでなく、イエルサレムの神殿から商人を追い払うなど、行動が過激さを増してくると、ユダヤ教指導者層は何が何でもイエスを捕えて処刑しようとします。

裁判

最後の時期には、イエスは逃げ回りながら布教しています。逮捕される前夜、イエスは弟子たちと会食をしました。ルネサンス期イタリアの芸術家レオナルド・ダ・ヴィンチが描いろ「最後の晩餐《ばんさん》」で有名な場面です。会食中にイエスは「この中の一人が私を裏切るだろう」とつぶやく。その言葉を聞いた直後の、弟子たちが動揺している瞬間を描いた絵です。

翌日、弟子のひとりユダが、ユダヤ教の大祭司長たちにイエスの隠れ場所を密告して、イエスは捕えられました。ユダヤ教の大祭司長たちによる裁判が開かれますが、イエスを有罪とする証拠がない。またイエスは様々な証言に対して沈黙を守ります。ところが、最後に大祭司が「あなたは神の子キリスト（救世主）なのか」と問うと、イエスは「そうだ」と答えました。大祭司はこれをもって神への冒瀆として死刑にあたると宣告します。このときには、イエスは皆から唾を吐きかけられたり殴られたりと、もみくちゃにされています。

次に、ユダヤ教指導者たちは、イエスをローマ総督に引き渡しました。死刑を執行するのは支配者であるローマ総督の権限だったからです。ローマ総督は、イエスを見て、かれがいわゆる犯罪者でなく、ユダヤ教指導者への教義上の批判者にすぎないとわかりました。総督としては、ユダヤ人の内輪もめに関わりたくないのが本音です。

したがって、処刑せずにすむようにイエスに弁明をさせようとしますが、ここでもイエスは沈黙を守ります。逆に、押しかけたユダヤ民衆はユダヤ教の指導者たちに煽動《せんどう》され、「この男はローマに対する反逆者だ、ユダヤの王と言っている」と叫びます。

ローマ総督としては反逆者と聞いて放置できません。「あなたはユダヤの王か」と問いかけると、この時だけイエスは「そのとおり」と答えるのです。やむなく群衆の要求に応えて総督は死刑を決定しました。

処刑

ローマ兵は、刑の執行前に死刑囚をいたぶる慣習がありました。イエスは兵士たちから服をはぎ取られ裸にされ、殴られ蹴《け》られます。さらに、お前はユダヤの王だろう、王なら冠をかぶれ、と荊《いばら》で作った冠をかぶらされました。荊の棘《とげ》が皮膚に食い込んで、額からは血が流れました。宗教画に多く描かれる場面です。

最後は十字架へ磔《はりつけ》です。これがローマの死刑でした。手足を大きな釘で十字架に打ち付けたあと、兵士が槍《やり》で心臓のそばを急所をはずして突きます。その後数日間、だらだらと血が流れ、痛みと喉《のど》の渇きに苦しみ、死んでいくのです。

イエスはこの十字架で死んでいったのです。

その時信者たちは

イエスの支持者、信者たちはどうしていたのでしょうか。

それまでイエスに付きしたがっていた多くの人々は、イエスが逮捕された段階でかれを見捨てて逃げ去っていました。救世主ならばこんなに簡単に捕まり、しかも死刑になるはずがない。あいつはただの男だったんだ。そんな気持ちでしょう。救世主なんていってだましやがって、とイエスに憎しみを向ける者もいたようです。

弟子も逃げました。

ペテロという弟子は、逃げたものの裁判の様子が気になる。だから、裁判がおこなわれていた大祭司邸の様子をうかがっていました。すると、かれの顔を知っている者がいて「あなたはイエスの弟子じゃないか」と問いかけました。ペテロはあわてて否定しました。「いえ、私はそんな男は知りません。」夜が明けるまでに三度問われて、三度とも否定したと伝えられています。一緒に逮捕処刑されてはかなわない、と思ったのです。

急速にふくれあがった支持者たちは、たちまち消えてしまいました。結局、イエスに最後まで付きしたがい、処刑まで見届けたのは、ほんの少しばかりの女性信者だけでした。

イエスの布教活動はわずか二年ほどでした。処刑されたときには、まだ三十歳をいくつか超えただけでした。

キリスト教の成立

復活

イエスの生涯はこうして終わるのですが、キリスト教はここから始まります。

イエスが処刑されて数日後、女性信者たちがイエスの亡骸《なきがら》を引き取りに行きました。ところがローマ兵によって安置してあったはずのイエスの遺体が消えていたというのです。遺体が無くなっていたのは事実のようです。

やがてこの話が噂となってユダヤ人の間に広がっていくなかで、イエスが生き返った、復活した、と信じる人々が現れました。

巻き添えになるのを恐れて逃げ散っていた弟子たちも再び集まってきて、弾圧を恐れずイエスの教えを人々に説きはじめます。かれらがイエスを見捨てたのを悔いて活動を再開したのは、復活したイエスに会ったからだといいます。

このようにして、イエスの復活と、かれが救世主であることを信じる人々によってキリスト教が成立しました。救世主と復活を信じない人々はユダヤ教徒のままです。

弟子たち

イエスの弟子で重要な人物がペテロ（?〜六四年）とパウロ（?〜六五年頃）の二人です。ペテロは裁判の時にイエスを知らないといった男です。ところがイエスの死後は熱心な布教活動をおこない、最後は弾圧されローマで処刑されたと伝えられ、のちにローマ教会の初代教皇とされました。

パウロはイエス死後の弟子です。死後の弟子というのも変ですが、復活したイエスに会ったというので弟子を名のるわけです。

パウロは裕福なユダヤ人家庭に生まれた熱心なユダヤ教徒でした。キリスト教徒を憎み、各地を旅してキリスト教徒を見つけだしては迫害を加えていた人物です。

ところがこのパウロが旅行中に、復活したイエスに会った。イエスはパウロに「なぜ、私を迫害するのか」と声をかけたというのです。これ以後パウロはユダヤ教を棄《す》て、それまで迫害していたキリスト教の布教活動に生涯を捧げるようになりました。

パウロはユダヤ人でしたがローマ市民権を持っており、帝国内を自由に旅行することができました。そのためギリシアなどでも布教活動をおこないました。キリスト教徒として逮捕されたときもローマ市民の権利として首都ローマで皇帝による裁判を要求しました。そのため、かれはローマ市に移送されて、処刑されるまでの期間、そこでも布教活動をおこなっています。

このような弟子たちの活動によってキリスト教はパレスティナ地方の外へ、ユダヤ人以外の人々へも徐々に広まっていきました。

イエスの死の意味

キリスト教の教義を練り上げた点でパウロの功績は大きいとされています。イエスの教えをもとにパウロがキリスト教を作ったという人もいるほどです。

まず、イエスの死を意味づけました。イエスは救世主であったのに、つまり、死を避けることができたはずなのに、なぜ死刑になったのか。この疑問に対して、パウロは「贖罪《しょくざい》」という回答をあたえました。

イエスは、ヤハウェ神を愛の神ととらえ、罪人が赦されて最後の審判で救われると説きました。このときに、罪人は罪を償《つぐな》わなくても赦されるのか、ということが問題となります。イエスは、罪を償いなさいとは言っていません。つまり、償い無しで人は赦されるのです。なぜか。それは、イエスが自らの死という形で、人々の身代わりとなって罪を償ったからだ、とパウロは考えました。これが贖罪です。

イエスは救世主キリストだからこそ、人々を救うために死んでくれた、ということになるのです。この論理を受け入れれば、イエスを信仰せずにはいられなくなります。

戒律ではなく信仰によって

ユダヤ教では、戒律を厳格に守っているかどうかが救済の条件でした。パウロは、戒律を守っているかどうかではなく、信仰によって救いがもたらされると説きました。戒律という形式ではなく、心の内面の信仰を重視しました。これを「信仰義認説」といいます。

当たり前のことを言っているように思えますが、たとえば、われわれ日本人が初詣で神社にお賽銭《さいせん》をあげて満足し、あとはすっかり神様のことを忘れている。これは信仰義認説からするとダメな信仰になるわけです。ある意味では、戒律遵守《じゅんしゅ》より信仰義認説の方が厳しい信仰の形です。

聖書

キリスト教の聖典が『旧約聖書』と『新約聖書』です。

『旧約聖書』は、ユダヤ教の経典をキリスト教徒がまとめたものです。キリスト教はユダヤ教から生まれたものですから、経典も引き継いだわけです。実際にユダヤ教徒が使っている経典は、『旧約聖書』そのものではありませんが、内容的にはほぼ同じものと考えてかまいません。

『旧約聖書』という名前は、キリスト教の立場からの呼び名です。モーセの十戒を頂点とする神と人間との契約を古い契約と考え、「旧約」と名づけたのです。

これに対して、イエスによってあたえられた神と人との契約を、新しい契約「新約」と考え、イエス以後に作られた様々な文書をまとめたものが『新約聖書』です。イエスの言動を記した文書や、弟子たちの手紙などから成っています。イエスの死の直後から様々な文書が作られはじめ、それが取捨選択されながら五世紀には今のような新約聖書の形になりました。

『新約聖書』は、多くの作者によってばらばらに書かれた文書の寄せ集めですから、イエスの言動も文書によって描き方がかなり異なります。

たとえば、十字架にかけられたイエスの言葉です。一番はやく書かれた「マルコ福音書」では、「おお神よ、なぜ私をお見捨てになったのですか。」少しあとで書かれた「ルカ福音書」では、「父よ。かれらをお赦しください。かれらは、何をしているのか自分でわからないのです。」

どちらもイエス処刑後たかだか四十年から六十年くらいあとに書かれたものなのにまったく意味が違います。イエスが急速に理想化されていく様子がわかります。

キリスト教の発展

弾圧から国教へ

イエスの死後、キリスト教は徐々にローマ帝国内に広がっていきました。初期の信者は女性と奴隷が中心だったといわれています。ローマ社会は奴隷労働に支えられており、ローマ帝政初期には人口の十五パーセント前後が奴隷でした。奴隷はものを言う道具とされ、人間として認められていませんでした。女性も社会的に抑圧された存在であり、かれらが信者となったことは、イエスがどんな人々に布教したかを考えると当然といえるでしょう。

キリスト教も最初は当然新興宗教です。いつの時代でも新興宗教というものは周囲から疑わしい目で見られるもので、初期のキリスト教も誤解と偏見の目で見られました。信者であることを知られると迫害されるので、かれらはこっそり集まって信仰を確かめあいました。

信者が集まったのがカタコンベと呼ばれる地下墓所です。ローマ人は町の郊外に地下トンネルを掘って、そこを墓所としていました。トンネルの壁面には棚が作られており、死体は火葬にせず棚に安置する風習でした。真っ暗なトンネルの壁一面に棺桶《かんおけ》がぎっしり詰まっているの不気味な場所ですから、普段は誰も来ません。迫害を恐れた信者たちはここに集まったのです。集まる時間は夜。みんなが寝静まった頃を見計らって奴隷たちや女たちが家屋敷や農場を抜け出してカタコンベに集まり集会を開きました。

秘密にしていても、集会を繰り返せば、やがて信者以外にも知られます。キリスト教の信者は夜な夜な地下墓所に集まって、死体を食べている、乱交しているなどという噂が広まり、ますます差別は激しくなったようです。

また、ローマ皇帝は、皇帝に対して礼拝をしないという理由で弾圧しました。四世紀初めのディオクレティアヌス帝による迫害が特に有名です。

ところが次のコンスタンティヌス帝は、三一三年にキリスト教を公認します。公認とは信仰を許可することで、コンスタンティヌス帝自身も自分がキリスト教徒であると宣言しました。これは、ローマ帝国の安定のためには、キリスト教徒を弾圧するよりも、その支持をとりつけたほうが得策だと判断したためでしょう。それほど、キリスト教徒が増えていたわけです。

そして、三九二年のテオドシウス帝によるキリスト教国教化によって、ローマ帝国全臣民はキリスト教徒となることを義務づけられました。

クリスマス

現在世界中で、十二月二十五日はイエスの誕生日クリスマスとして知られています。ですが、実際にはイエスの誕生日がいつなのかは不明です。では、なぜ十二月二十五日が誕生日とされたのでしょうか。

キリスト教がローマ帝国に広まる前、ローマで多くの人々の信仰を集めていたのがミトラ教でした。その神であるミトラ神は毎年冬至に死に、三日後に再生するとされていました。冬至の三日後は十二月二十五日です。キリスト教が広まると、ミトラ神の生まれる日がイエスの誕生日にスライドして受け継がれたのです。

ちなみに、二十四日はクリスマスイブ。イブを前日の意味だと思っている人がいますが、イブはイブニング、夜の意味です。では、二十五日クリスマスのイブニングがなぜ二十四日なのでしょうか。これは、ユダヤ人の風習に由来します。われわれは日の出を一日の始まりと考えますが、ユダヤ人は日没を一日の始まりとしていました。ですから、二十五日の夜は、その前日の夜なのです。キリスト教がユダヤ教から生まれたことの名残がこんな形で受け継がれているのです。

ローマの哲学とキリスト教

ローマ帝国の広大な領土には、様々な民族と宗教が存在していました。そのなかで他でもないユダヤ人のキリスト教が国教になるまでに発展したのは、ローマ社会にキリスト教を受け入れる素地があったからだと思われます。

ローマではストア派哲学が流行していました。ストア派は、ヘレニズム時代（アレクサンドロス大王がペルシア帝国を滅ぼしたあと、ギリシア人がオリエント地方を支配した時代）の哲学者ゼノン（前三世紀前半）から始まる学派です。禁欲主義哲学ともいわれ、禁欲によって心の平安を得ることをめざします。

ローマのストア派哲学者で有名な人物がセネカ（前四頃～後六五年）です。五代目皇帝ネロの家庭教師でした。ストア派がどれほど受け入れられていたかがわかります。セネカは少年ネロ帝を補佐して善政をしいていたのですが、ネロが成長して自立すると疎《うと》まれて、最後は自殺を強制されました。

奴隷の哲学者

奴隷にもストア派の哲学者がいました。エピクテトス（五五頃～一三五年頃）です。のちに解放されて哲学者として一家をなしました。

エピクテトスは足が悪く杖《つえ》なしでは歩けませんでした。奴隷時代に主人に足を折られたらしいのです。哲学者になるくらいですから、若い頃から高い精神性を身につけていたのでしょう。態度が奴隷らしくなかったのかもしれません。主人はそんなエピクテトスに腹を立て、かれの足を痛めつけました。それに対してエピクテトスは「そんなことをしたら足が折れてしまいますよ」と冷静に言ったらしい。主人はさらにカッとしてそのまま足を折ってしまった。その時、エピクテトスは「ほら、だから言ったじゃないですか」と、主人を諭したといいます。

エピクテトスの『語録』という本が伝わっています。

「自分のものでない長所は、何も自慢せぬがいい。もし馬が自慢して『私は美しい』といったとするならば、それは我慢できるだろう。だが、きみが自慢して『私は美しい馬を持っている』というならば、きみは馬の優良なことを自慢しているんだと知るがいい。ところで、きみのものはなになのか。心像の使い方だ。したがって、きみの心像の使い方が自然にかなっているとき、その時こそ自慢するがいい。というのは、そのときは、なにかきみの優良なものを自慢しているのだから。」

財産には価値はなく、心にあるものに価値を認めます。「奴隷だったからこういう考えをしたのだ」と言ってしまえばそれまでですが、これがストア派の発想です。

もう一つ紹介しましょう。

「記憶しておくがいい、きみを侮辱するものは、きみを罵《ののし》ったり、なぐったりする者ではなく、これらの人から侮辱されていると思うその思惑なのだ。それでだれかがきみを怒らすならば、きみの考えがきみを怒らせたのだと知るがいい。だから第一に、心像に奪い去られぬようにしたまえ。なぜなら、もしきみがひとたび考える時間と猶予とを得るならば、容易にきみ自身に打ち勝つだろうから。」

足を折られたときの態度の理由はここにあったのです。怒りや憎しみの感情に動かされず、それらの感情を理性でコントロールする。そのことによって心の平安の獲得をめざす、これがストア派です。

エピクテトスの詩が伝わっています。

「奴隷エピクテトスとしてわれは生まれ、足は曲がれり、貧しさはイロス（ギリシア神話に登場する乞食）のごとくなるも、神々の友なりき」

この哲学によって、奴隷出身で足に障害があっても、誇り高く生きたのです。

ここに浮かび上がってくるストア派哲学者は、まるで戒律を守って生活する修行僧のようです。

皇帝の哲学者

エピクテトスを読んでいると、ストア派は敗者の自己欺瞞《ぎまん》の哲学にも感じられます。エピクテトスが奴隷だったからこんな哲学に惹かれたと思われるかもしれません。

しかし、皇帝にもストア派哲学者はいました。マルクス・アウレリウス・アントニヌス帝（一二〇〜一八〇年）です。五賢帝時代と呼ばれるローマ帝国最盛期の名君の一人です。そして『自省録』という書物を残した哲学者でもありました。「自分はなにも損害を受けなかったと考えよ。そうすれば君は損害を受けなかったことになる」などは、まさしくストア派の言葉です。

ローマ帝国皇帝と奴隷のエピクテトスが同じストア派だということをどう考えたらいいのでしょうか。『自省録』を読むとマルクス・アウレリウス帝もやはり、精神の平安を一所懸命求めているのです。何不自由のないはずの皇帝が、なぜストア派に惹かれたのでしょうか。

そのヒントのひとつが、ローマ貴族の暮らしぶりにあると思われます。

ローマ貴族たちは莫大《ばくだい》な富を背景に、享楽と退廃の生活を送っていました。たとえば、宴会では世界の珍味を集め、食べきれないほどの料理を用意します。満腹で食べられなくなると、奴隷に喉の奥を刺激させ、嘔吐《おうと》してはまた食べるという具合でした。贅沢《ぜいたく》というよりは、何か強迫観念にかられているようです。

宴会の出席者は食事服を着ます。ローマでは、寝そべりながら手づかみで食事をしました。汚れた手は食事服で拭《ぬぐ》い、汚したのちは使い捨てにしました。貴族たちはこの食事服にお金をかけて贅をこらし、高価な食事服を惜しげもなく汚しては捨てました。一回の宴会で何回も食事服を着替える者もいました。

その様子は、散財に情熱をつぎこんでいるようです。アピキウスという大金持ちの貴族がいました。かれは食道楽で、さんざん浪費したあと、まだ充分な財産が残っていたのに、貧乏で旨《うま》いものが食えなくては生きている意味がないと言って自殺したといいます。

こういう暮らしぶりを退廃といいます。

退廃ということでは、性的な面も放縦で、貴族の夫婦関係は名目だけのようでした。「妻の浮気相手が二人だったらその妻は貞淑だ、夫は幸せ者だ」とはセネカの言葉です。

浮気は当たり前、さらに離婚結婚を繰り返すため、初代皇帝アウグストゥスのユリウス・クラウディウス家などは、血縁関係を読み解くのが困難なほど家系図が複雑です。

その割には、というか、そのためなのかわかりませんが、当時のローマでは出生率が低下していました。元老院の名門貴族でも跡継ぎがいないために断絶する家が続出しました。

出生率低下の原因はいろいろな説があってはっきりしませんが、子供を育てる苦労を忌避《きひ》し、その日その日の快楽を追求する気持ちもあったのではないでしょうか。

ところでローマ社会は大量の奴隷労働に支えられていました。ローマの領土が拡大している時期には、戦争捕虜や征服地の住民などが奴隷とされました。ところが、領土拡大が止まった一世紀初頭以降、戦争捕虜が激減したにもかかわらず奴隷の数は減りませんでした。奴隷たちはどこから来たのでしょう。

奴隷の供給源については、「奴隷＝捨て子説」があります。

ローマ人は子供が産まれても、育てずに捨ててしまうことが多く、「乳の出る円柱」という捨て子の名所に赤ん坊は捨てられました。一方で、捨て子を集める業者がおり、育てて奴隷として売っていました。これが奴隷の供給源として大きな割合を占めたというのです。詩人ホラティウスは「粘土が柔らかければ、お気に入りのどんな形にでも作ることができる」と、子供奴隷の「調教」について不気味な言葉を残しています。

出生率の低下も、捨て子による見かけ上のものと考えると納得がいきます。「奴隷＝捨て子説」が正しければ、赤ん坊を捨てた貴族が、何年かのちに奴隷として実の子を買って働かせる、ということもあり得るわけです。こういう奴隷と子供をめぐる社会の仕組みも、とても健全なものとは思えません。

貴族たちは、快楽を最優先し、極端な浪費をつづけ、享楽的に生きていました。しかし、そのような生活に不健全さも感じていたに違いありません。退廃的な生活とバランスをとるように、感性の鋭い者たちが、ストア派哲学に惹かれていったのではないでしょうか。贅沢で精神の平安は得られません。皇帝がストア派哲学者であるということは、まさしくかれらの心を象徴している気がしてなりません。

ローマ人が、潜在的に求めていた心の平安を、哲学ではなく信仰という形でもたらしたのがキリスト教だったのではないか。だから、キリスト教はローマ帝国に広く受け入れられたのではないか。私にはそんなふうに思われるのです。

次のようなマルクス・アウレリウス・アントニヌス帝の文を読むと、ストア派哲学はキリスト教と非常に近いところにあったと思われます。

「また私は同胞にたいして怒ることもできず、憎むこともできない。なぜなら私たちは協力するために生まれついたのであって、(中略)。それゆえに互いに邪魔し合うのは自然に反することである。」

教義をめぐる対立

イエスとは何か

ローマ帝国内で信者が増えると、ローマ、コンスタンティノープル、アレクサンドリア、イェルサレム、アンティオキアに大きな教会が建てられ布教の拠点となりました。

教会が発展する過程で、教義をめぐって対立が起きました。どんな宗教でも開祖が死んで何十年もたつと教義や組織の対立や分裂が起きるものです。ただ、キリスト教はローマ帝国の公認宗教になりましたから、帝国政府が教会の内部対立に介入し、聖職者を集めて何度か宗教会議（公会議という）を開き、分裂の芽が小さいうちに摘みとっています。

キリスト教会の内部で繰り返し議論の対象となった問題があります。何回かの公会議も突き詰めれば、ひとつの問題を繰り返し議論しているのです。それは何かというとイエスの問題です。「イエスは何者か」と初期の聖職者たちは疑問に思ったのです。かれが救世主であることは問題ありません。そう信じる人がキリスト教徒なのですから。問題はその先、救世主イエスは人間なのか、神なのか、そこで論争が生まれました。

人間だったら死刑になったあとで生き返るはずはありません。だから、イエスを人間とすると、それは復活の否定につながります。

では、神だったのか。それもおかしいのです。キリスト教は一神教です。神はヤハウェ神のみ。イエスも神とすると神が二人になってしまいます。だからかれを神とすることもできない。また、「イエス＝ヤハウェ神」では、人々の罪をあがなって「死んだ」ことの意味が曖昧《あいまい》になります。

この矛盾をどう切り抜け首尾一貫した理論を作りあげるかで、初期の聖職者たちは論争しました。

ニケーア公会議（三二五年）では、アリウス派が異端、つまり間違った理論とされました。アリウス派はイエスを人間だと考えたのです。

エフェソス公会議（四三一年）ではネストリウスが異端とされます。かれはマリアを「神の母」と呼ぶのに反対して問題とされたのです。実際には政治闘争が絡んでいましたが、あえていえばネストリウスもイエスの人間性を強調したということです。

カルケドン公会議（四五一年）では単性論派が異端とされます。このグループはイエスを人間ではないとする。単純にいえば神としたのです。

つまりイエスを神とか人間とか、どちらかに言いきる主張は異端とされていったのです。

三位一体説

これらの論争を通じて勝ち残って正統とされたのはアタナシウス派です。この派の理論は「三位一体説《さんみいったいせつ》」といい、神とイエスと聖霊の三者を「同質」とします。注意しなければいけないのは「同質」という言い方。「同質」というのは「質が同じ」なのであって「同一」ではない。

もともと「生き返った人間」イエスを人間でも神でもないものに、別の言い方をすれば、人間でもあり神でもあるものにしようとするのですから、わかりやすく理論を作るのは無理です。そこをなんとかくぐり抜けて完成された理論が「同質」の「三位一体説」です。現在キリスト教は世界中に広がっていますが、ほとんどの宗派は三位一体説に立っています。アタナシウス派と言明する必要がないほどです。教会の説教で「父と子と聖霊の御名において……」と言うのが、まさに三位一体のことです。

3　中世ヨーロッパのユダヤ教とキリスト教

ユダヤ人の離散

キリスト教がローマ帝国に広まる一方、その母胎となったユダヤ教とユダヤ人はどうなったのでしょうか。

ローマ帝国によるパレスティナ地方の支配がつづくなか、西暦六六年と一三二年の二回、ユダヤ人はローマに対して反乱を起こしました（ユダヤ戦争、第二ユダヤ戦争）。反乱は鎮圧され、その結果、ユダヤ人はイエルサレムへの立ち入りを禁止され、世界各地に離散しました。祖国を失った民となりながらも、かれらは移住した土地でユダヤ人のコミュニティをつくり、遠く離れた同胞と連絡を取りながら、ユダヤ教の信仰を守りつづけていきました。

ビザンツ帝国のキリスト教

三九五年、ローマ帝国は、ローマを都とする西ローマ帝国と、コンスタンティノープルを都とする東ローマ帝国に分裂しました。

東ローマ帝国は、首都の旧名ビザンティウムからビザンツ帝国と呼ばれます。キリスト教はコンスタンティノープル教会を中心に、ビザンツ帝国の保護のもとで存続し、現在の東欧地域にキリスト教を広めました。当初、コンスタンティノープル教会とローマ教会は協力関係を保っていましたが、やがて教義上の対立が生じ別の宗派となりました。宗派名としては、コンスタンティノープル教会を「ギリシア正教」、ローマ教会を「カトリック」と呼びます。

ビザンツ帝国は徐々に衰退し、七世紀以降の支配地域はバルカン半島と小アジアのみとなり、一四五三年にはイスラーム教を国教とするオスマン帝国によって滅ぼされました。コンスタンティノープルはイスタンブールと名を変え、オスマン帝国の首都となりましたが、コンスタンティノープル教会はオスマン帝国の庇護《ひご》のもと、ひきつづき存続しました。現在、ギリシア正教は、ロシア、東欧諸国で各国正教会として信仰されています。

西ヨーロッパでのキリスト教

西ローマ帝国は、ゲルマン人諸部族の侵入により四七六年に滅亡しました。ゲルマン人は旧西ローマ帝国領内に部族ごとに王国を建てましたが、相互に抗争を繰り返し、混乱は長く七世紀までつづきました。

この中で、西ローマ帝国の保護を失ったローマ教会は生き残りを懸けてゲルマン人への布教をはじめました。ゲルマン人は民族宗教を信じており、一部にはキリスト教が伝わっていましたが、それはローマ帝国で異端とされたアリウス派でした。

やがてゲルマン諸部族のうち、フランク族がローマ教会に改宗したため、ローマ教会はこれを積極的に支援しました。ローマ時代の学問や技術を保持していたローマ教会の協力を得たフランク王国は他の部族より優位に立ち、九世紀初めには西ヨーロッパのほぼ全域を統一しました。フランク王国の領土拡大にともない教会が建設され、ゲルマン人の改宗がすすみました。フランク王国とローマ教会は互いに協力しながら発展していったのです。

こうして、西ヨーロッパ世界にローマ教会によるキリスト教（カトリック）が広がることになったのです。

フランク王国が分裂して、ドイツ、イタリア、フランスなどの国が生まれた十世紀以降の西ヨーロッパには、大小様々な領主が割拠する封建社会が成立しました。ドイツ皇帝やフランス国王の王権は弱く名目的な存在に過ぎませんでした。そのなかで、ローマ教会は、そのトップであるローマ教皇を頂点に、階層的な教会制度を西ヨーロッパ全体に張り巡らし、皇帝や国王を超える権威と影響力を持つようになりました。

十字軍

十字軍とはなにか

ローマ教会が西ヨーロッパ社会に持つ影響力を示した事件が十字軍です。

十字軍とは、一〇九六年から一二七〇年までの約二百年間、西ヨーロッパの諸侯連合軍がイスラーム教国の支配する中東地域に侵攻した戦争です。

きっかけは、ビザンツ皇帝が同じキリスト教であるローマ教会に軍事援助を依頼したことでした。イスラーム教国であるセルジューク朝の勢力が首都コンスタンティノープル近くまで迫っていたためです。

一〇九五年、ローマ教皇ウルバヌス二世が、聖地イェルサレムをイスラーム教徒から奪還するための遠征を呼びかけると、西ヨーロッパの国王、諸侯や騎士、さらに農民など一般庶民も熱狂し、激しい宗教的情熱の中で十字軍がはじまったのでした。

最初の遠征は、イェルサレムを占領しシリア・パレスティナ地方にキリスト教国家を建てることに成功しましたが、その後イスラーム勢力が態勢を整えて反撃に転じると、占領地は縮小をつづけ、救援のためあらたに派遣された十字軍も敗北を重ねました。

十字軍国家が最後まで地中海東岸に確保していた都市アッコンも、一二九一年にはイスラーム勢力に奪われ、十字軍は幕を閉じました。十三世紀初頭には最高潮に達したローマ教皇の権威も、十字軍の最終的失敗によって衰える結果となりました。

十字軍の一面

宗教的熱狂に支えられたとされる十字軍ですが、十字軍に参加した諸侯や騎士にはイスラーム世界の富や領土を手に入れたいという現実的な欲求もありました。ウルバヌス二世も「あなた方がいま住んでいる土地は決して広くない。十分肥えてもいない。そのため人々はたがいに争い、たがいに傷ついているではないか。……かれらを聖墓への道行きに旅立たせようではないか。『乳と蜜の流れる国（パレスティナ地方のこと）』は、神があなた方に与えたもうた土地である」と、領地獲得を十字軍の呼びかけにつかっています。

また、十字軍に同行したフランスの聖職者がイェルサレム占領時の十字軍兵士の様子を書き残しています。「サラセン人（イスラーム教徒のこと）が、生きている間にそのいやらしい咽喉《のど》の中に呑《の》みこんだ金貨を、腸から取り出そうと、屍《しかばね》の腹を裂いてしらべてまわり……同じ目的で屍を山と積み上げ、これに火をつけて灰になるまで焼き、もっと簡単に金貨をみつけようとした」と。十字軍の残虐さは、宗教的情熱よりも金銭欲に由来しているかのようです。しかも、かれらには残虐さの自覚はなく、逆に多く殺せば殺すほど神の御心にかなうと思っていた節があります。宗教的熱狂と戦争が合体すると不気味なことになる典型的な例です。

そもそも、十字軍は出発時点で、ドイツのシュパイエル、ヴォルムス、マインツなどの諸都市でユダヤ人のコミュニティを襲い、略奪と殺戮《さつりく》をおこなっていました。ユダヤ人からの略奪によって軍資金を得ようとしたのです。これ以後も、ヨーロッパのユダヤ人は戦争やペストの流行などで社会が災厄に見舞われ不安定になるたびに迫害されています。

十字軍の背景

十字軍がはじまった十一世紀は、西ヨーロッパにとって、長くつづいた政治的混乱がようやく落ち着き、鉄製農具の普及や農業技術の向上を背景に、森が伐《き》り拓《ひら》かれ大開墾時代がはじまった時期にあたります。人口も増加し、生産性の低い辺境世界だった西欧社会が、ようやく発展しはじめたのでした。西ヨーロッパ世界の膨張運動のひとつが十字軍という形で現れたのです。

ほぼ同時期の膨張運動に、東方植民運動とレコンキスタ（国土回復運動）があります。東方植民運動は、ドイツの諸侯によるエルベ川以東の征服、開拓運動です。レコンキスタは、イベリア半島を支配していたイスラーム勢力を駆逐していった戦争で、これによりスペイン、ポルトガル両国が成立しました。

イベリア半島・スペインでのユダヤ人への迫害

十字軍がユダヤ人から略奪をおこなったことには、先ほど触れましたが、イベリア半島でもレコンキスタが最終局面を迎えた一四世紀末からユダヤ人に対する略奪、虐殺がひろがっていきました。レコンキスタで高まった宗教的情熱が非キリスト教徒であるユダヤ人にも向かったのです。迫害を避けるためキリスト教へ改宗するユダヤ人もたくさん現れましたが、かれらは「新キリスト教徒」として差別されました。また、改宗しても「隠れユダヤ教徒」ではないかと疑われ、十五世紀後半になると、その多くが異端審問裁判にかけられ、死刑、財産没収や国外追放に処せられました。財政窮乏状態だったスペイン王室が、財産没収のために改宗ユダヤ人を異端審問裁判にかけたという事情もあったようです。

スペインはレコンキスタが終了した一四九二年に、ユダヤ教徒全員を国外に追放しました。ユダヤ教徒の多くは、迫害のなかったオスマン帝国に逃れました。オスマン帝国ではイスラーム教以外の宗教信者にミッレトという共同体を作らせ、自治と安全保障をあたえていたのです。

ヨーロッパのなかで比較的宗教に寛容だったオランダに逃れたユダヤ人もいました。オランダが十六世紀以降、国際金融の中心となったのは、金融や国際商業のノウハウを持つユダヤ人を受け入れたからだともいわれます。

ローマ教会とユダヤ人

ローマ教会はユダヤ人に対してどういう立場をとっていたのでしょう。教会は、ユダヤ人はイエスを殺した罪深き人々であると考えていました。しかし一方で、ユダヤ人に対する迫害は禁じており、改宗の強制、殺害、財産没収などを禁じる命令をたびたび出しています。実際には、教会の禁止にもかかわらず、十字軍以来ことあるごとに略奪や虐殺といった迫害は繰り返されましたが。

一二一五年の第四回ラテラノ公会議では、ユダヤ教徒とキリスト教徒の結婚などが禁止され、ユダヤ人をキリスト教社会から締め出す方向が明確にされました。ドイツを中心にユダヤ人をゲットーと呼ばれる居住区に強制隔離する都市もあらわれました。

職業についても制限が加えられ、農業や手工業、世界各地にまたがる同胞ネットワークを利用した遠隔地交易ができなくなりました。この結果、ローマ教会がキリスト教徒に禁じていた高利貸しや両替商などの金融業が、ユダヤ人に許された数少ない職業となりました。ユダヤ人はやむなく金融業に従事するようになったのに、キリスト教徒からは、守銭奴、カネの亡者というようなレッテルを貼《は》られ、さらに偏見が助長されることになっていったのです。

ユダヤ人の解放

長く差別され不安定な状態に置かれてきたユダヤ人に市民権があたえられたのは、一七九一年、フランス革命時のことでした。一九世紀には各国で差別政策が廃止されユダヤ人は解放されていきました。ただし、差別意識が消えたわけではありません。第二次大戦中のドイツ・ナチス政権によるユダヤ人大量虐殺はあまりにも有名です。

ちなみに、ユダヤ人という呼称で呼ばれている人々は、当然ながら一世紀の離散以来同じ血統を保っているわけではありません。たとえば、ユダヤ系フランス人は他のフランス人と人種的に特別に変わっているわけではなく、フランス語を母語としているのです。これは、ドイツでもイタリアでも同じです。ですから、ユダヤ人の定義については様々な議論があります。

ドイツのナチス政権は、祖父母四人中三人がユダヤ教徒であれば、本人がユダヤ教徒でなくてもユダヤ人とみなし市民権を剝奪《はくだつ》、のちには大量虐殺をおこないました。一九五〇年にイスラエルで制定されたイスラエル帰還法では「ユダヤ人の母親から生まれた人、またはユダヤ教に改宗した人」をユダヤ人と定めています。現在では血統よりもユダヤ教信仰の有無がユダヤ人であることの条件になっています。

宗教改革

ルター

十字軍の失敗以降も、権威が衰えたとはいえ大きな影響力を維持していたローマ教会ですが、十六世紀になると宗教改革に直面しました。

一五一七年、宗教改革をはじめたのがドイツの神学教授だったルター（一四八三〜一五四六年）です。ルターは、ローマ教会が資金集めのためにおこなっていた贖宥状《しょくゆうじょう》販売を、聖書の教えに反するとして批判しました。やがて、教会との論争を通じて全面対立にいたり、最終的にはローマ教会から離れて、あらたにルター派教会を設立しました。ドイツ人の多くはルターを支持し、その信者は北欧にも広がっていきました。

ルターの批判は、突き詰めれば、ローマ教会の教えが聖書にもとづいていないということにつきます。それまでは、ローマ教会の教えにしたがうことが信仰であり、救済の条件でした。ところが、ルターは、信仰とは聖書にしたがうことであり、信仰によって人は救われると説いたのです。

ルター以前にもローマ教会を批判した人々はいましたが、教会の圧倒的な力の前に弾圧され異端として葬られていました。ルターのように、広く支持を集め教会を分離独立させるのは前代未聞の出来事でした。ルターの改革が成功した理由として、ドイツでローマ教会の資金集めに対して不満がひろがっていたこと、ルネサンス文化が最盛期を迎えておりローマ教会への批判がタブーではなくなっていたことがあります。さらに大きな視野から見れば、ヨーロッパ社会が、封建制度が崩れ主権国家体制が確立する変革期を迎えており、教会の基盤もゆらいでいたのです。

カルヴァン

ルターにつづいた宗教改革者が、ジュネーブで活躍したカルヴァン（一五〇九～六四年）です。かれは予定説という独自の教義を展開しました。

カルヴァンによれば、神は限りなく超越的存在であり、人間には計り知れない理由で、誰を救うかあらかじめ決めています。深い信仰心があっても、神から選ばれていなければ救われないし、信仰心がなくても選ばれた者は救われるのです。カルヴァンは、人知の及ばない神の偉大さをたたえる一方で、信者に向かって「あなたが救われるかどうかはわからない」「神に祈っても無駄である」と言うわけです。

このような神なら信仰するだけ損な気がしますが、実は予定説こそが、カルヴァンの教えが広く受け入れられた核心部分だったのです。なぜならば、カルヴァンの教えを聞いた人の多くは、自分が救われないとは思わず、「自分は神に選ばれているに違いない」、もっと露骨に言えば「他人が全員地獄に堕ちても私だけは神に選ばれているはずだ」と考えたのです。そう考えると、自分を選んでくれた神におのずから感謝を捧げる気持ちになるのです。

また、カルヴァンは各人の職業は神からあたえられた使命だから、仕事で成功するならば、その人は神から選ばれた者である可能性が高いとして、成功の結果として財産が貯まることを肯定しました。

ローマ教会もルター派も、蓄財は卑しむべき行為で、必要以上のお金は教会に寄付すべきだと教えていました。蓄財に関する罪悪感を見事に取り払ったカルヴァンの教えは、ネーデルラント（今のオランダ、ベルギー）、フランス、イギリス等の商工業に従事する新興市民階級に広まっていきました。カルヴァン派の多い地域で資本主義が発展したという説もあり、興味深いところです。

イギリス国教会

イギリスでも宗教改革が起こります。ヘンリー八世による一五三四年の首長法にはじまり、紆余曲折《うよきょくせつ》ののち、一五五九年、エリザベス一世による統一法制定で、イギリス国教会が確立しました。これはルターやカルヴァンのように、教義の違いからローマ教会から分かれたのではありません。王権の伸張にともなって、国内からローマ教会の影響力を排除し、修道院の土地財産を没収しようという政治的、経済的理由からおこなわれました。

以上、宗教改革で生まれたルター派、カルヴァン派、イギリス国教会を一括して「プロテスタント」、新教と呼びます。

カトリックの改革運動

プロテスタントの成立で教勢が衰えたローマ教会（カトリック）は、組織の点検、改革に取り組み、巻き返しを図りました。これを対抗宗教改革（反宗教改革）といいます。

十六世紀中頃トレント公会議が開かれ、教皇の至上権の確認、異端取り締まり（具体的には宗教裁判や禁書）強化が決定されていきました。特に、ローマ教会の勢力が強固なイタリア半島、イベリア半島では宗教裁判が頻繁におこなわれました。魔女狩り、魔女裁判はこの時期が一番多いのです。聖書に反するとして地動説が標的にされ、ガリレオが自説を撤回させられたのもこの時期です。

また、ヨーロッパで衰えた教勢を盛り返すため、一五三四年、イエズス会が作られました。時あたかも大航海時代です。ポルトガルやスペインの商船に乗り、イエズス会士は、アジア、アメリカで布教をおこないました。フランシスコ・ザビエルが一五四九年に日本に来航したのも、こうした流れの中の出来事でした。

4　イスラーム教

アラビア半島

イスラーム教は七世紀のアラビア半島で生まれました。アラビア半島にはアラブ人が暮らしていましたが、民族としてのまとまりはなく、国家も形成されていませんでした。祖先を同じくする血縁集団＝部族が人々を結びつける最も大きな単位でした。

当時、アラビア半島の北には二つの大国、ササン朝ペルシアとビザンツ帝国がありましたが、アラビア半島はその勢力圏外でした。広大な砂漠にオアシスが点在するだけのアラビア半島は、支配する価値のない辺境地域として放置されていたのでした。

アラブ人はラクダの遊牧、小規模農業、隊商貿易などで生計を立てていました。宗教は多神教でしたが、ユダヤ教やキリスト教も伝えられていました。

アラビア半島は、ササン朝とビザンツ帝国が交戦状態になると、戦闘を避ける迂回路《うかいろ》として重要度が増しました。特に半島南端のアデンから半島西岸近くを北上しエジプト・パレスティナにいたるルートは、重要な交易路で商業都市がつらなっていました。イスラーム教が誕生する舞台となったメッカやメディナは、この交易路上に発展した都市でした。

イスラーム教の誕生

ムハンマド登場

イスラーム教を創始したムハンマド（マホメットはトルコ語読み）は西暦五七〇年前後にメッカに生まれました。

ムハンマドの父親はメッカの商人でしたが、ムハンマドが生まれる前に旅先で死んでいます。母親もムハンマドが六歳の時に亡くなり、かれは祖父のもとに引き取られます。その祖父も八歳の時に他界して、今度は叔父のもとで育てられました。

要するにムハンマドは、孤児で、親戚《しんせき》の間を転々とする恵まれない少年時代を送ったのです。叔父も隊商貿易に従事する商人だったので、ムハンマドは幼いときから叔父のキャラバンについて雑用係をしていたと思われます。長じてムハンマド自身も隊商貿易の商人となりました。

メッカにかなりの財産を持ったハディージャという未亡人がいました。ハディージャは女性であるため自らは隊商貿易をしませんが、出資者として隊商を組織して利益をあげていました。ある時、ムハンマドが彼女に雇われて隊商貿易を取り仕切ったことがありました。ムハンマドの仕事ぶりを気に入ったのでしょう。このあと、ハディージャはムハンマドに求婚をしました。しかし、ひとつ問題がありました。年齢です。このときムハンマドは二十五歳。ハディージャは四十歳。女性から求婚するのも当時としては変わっていますが、常識的に考えてこの年齢差はありえない組み合わせです。このシチュエーションで結婚したら間違いなく財産目当てだと思われます。

ムハンマドは普通の発想をする人だったので、財産目当てなどと商人仲間に思われたくはなかったし、また、ハディージャの狙《ねら》いは自分を婿にしてただ働きさせるつもりではないか、とも疑いました。そこで、人を介してハディージャの真意を探ってもらいました。その結果、ムハンマドはハディージャが真剣に自分を愛しているということを確信して結婚します。

二人の間には子供も産まれました。しかし、男の子はみんな死んでいます。当時の慣習では、男は跡取り息子をつくるために何人妻を持ってもよいのですが、ムハンマドはそういうことはしませんでした。ハディージャが死ぬまで他の妻を迎えませんでした。ムハンマドもハディージャを愛し、仲の良い夫婦として過ごしていたようです。

啓示

結婚後のムハンマドはメッカの商人の旦那として不自由のない生活を送るようになりました。何事もなく日々は過ぎて、ムハンマドが四十歳になった時のことです。

ムハンマドにはいつの頃からか瞑想《めいそう》をする習慣がありました。メッカの近郊にヒラー山という山があり、暇ができるとムハンマドはここに登り、何日も洞窟にこもって瞑想をするのです。

ある日、いつものようにムハンマドが山の洞窟《どうくつ》で瞑想をしていると、いきなり異変が起きました。金縛りにあったように身体が締めつけられて、ぶるぶる震えがきたのです。そして、目の前に大天使ガブリエルが現れてムハンマドに向かって「誦《よ》め!」と迫りました。

ムハンマドは、今自分に起こっていることがなんなのかわかりません。恐怖でいっぱいで、「誦めません!」と抵抗しました。

「誦む」と訳しているのですが、これは「声に出して読むこと」です。また、大天使ガブリエルというのは、ムハンマドがあとあとになってそう解釈したもので、その時点ではなんだかわかりません。

とにかく、わけのわからない魔人のようなものが「誦め！」と言う。その手には文字を書きつけた何かを持っていたのでしょう。ところが、ムハンマドは字が読めなかったのです。だから「誦めません！」と言うのですが、そうすると、大天使ガブリエルはさらにムハンマドの身体をぐいぐい締めつけて「誦め、誦め！」と責めました。

ムハンマドがあまりの苦しさに思わず口を開くと、声が勝手に出てきて誦めてしまいました。すると、自分を締めつけていたわけのわからない力が、スッと抜けてガブリエルも消えました。元の状態に戻ったムハンマドは、あわてて山から降りてハディージャの待つ我が家に帰りました。とにかく怖かったのです。

当時、砂漠にはジンと呼ばれる悪霊がいると信じられていました。砂漠で道に迷って死ぬ者がでると、ジンにとりつかれたのだといわれました。ムハンマドは自分にもその悪霊がとりついたと考えたのです。

ムハンマドは、はじめこの体験を誰にもしゃべらず、自分の胸にしまっていました。しゃべって変に思われるのを怖《おそ》れたのでしょう。ところが、それ以後、何回も同じような体験が起きます。とうとう、耐えきれなくなったムハンマドはハディージャに打ち明けました。これこれこんなふうに悪霊にとりつかれているらしい、俺は気が変になっているんじゃないだろうか、と。ハディージャは、大丈夫、あなたは変じゃない、と元気づけたといいます。

預言者としての自覚

しかしムハンマドの身に異変がつづくとハディージャもやはりだんだん気になってきます。心配になったハディージャは、物知りのいとこに相談したのですが、このいとこはアラブ人には珍しいキリスト教徒だったとも伝えられています。

相談を受けたいとこは、「ムハンマドのように、声を聞いた者は、昔から何人もいた」と教えたようです。「たとえば、アブラハム、ノア、モーセ、イエス、預言者といわれた人たちは、みな同じような経験をしたのだ」と。アブラハムというのは『旧約聖書』に出てくる有名な人物です。

ハディージャは安心して、その話をムハンマドに伝えました。ムハンマドもその話を聞いて、胸にストンと落ちるものがあったのでしょう。自分が陥っている事態をそういうものとして受け入れました。

そういうものというのは、つまり、自分に聞こえているのは神の声で、自分は神の声を授かる者「預言者」である、ということです。

この間、ムハンマドに何が聞こえていたのでしょうか。「神は自分だけである」「かつて、イエスに言葉をあたえたが、人類はイエスの言葉を誤って解釈したため神の教えがゆがめられている」「だから、お前に自分の言葉を託すから、人々を教え導け」という声が聞こえていたと思われます。

これが、悪霊の仕業《しわざ》でなく、本当に神の声だと確信した以上、ムハンマドは布教しないわけにはいかなくなりました。それが預言者の使命です。

布教活動の開始

ところが、常識人であるムハンマドは「いきなり神の声を聞け！　と言っても、みんな信じてくれるだろうか、狂人扱いされないだろうか」と考えていた節があります。

だから、いきなり辻説法《つじせっぽう》はできません。どうしたかというと、自分の身内から布教をはじめました。ムハンマドが最初に布教したのが妻のハディージャ。ハディージャは愛する夫にしたがって信者になりました。信者第一号です。このあとムハンマドは親戚中を訪問して布教します。この初期の内向きの布教活動からは、ムハンマド自身のとまどいようが見えてくるようです。入信する者もあれば、馬鹿にする者もいましたが、信者になった人たちは、ムハンマドが神懸かり状態になるのを見たようです。顔面蒼白になり、身体がぶるぶると震え、見るからに異常になる。そして、その口から出てくる言葉が詩になっていたのです。きちんと韻が踏んであり、朗々と歌うようだったらしい。

アラビアでは、詩は人気のある芸能で、詩人は尊敬されていました。詩のコンテストがあったほどです。そして、ムハンマドに詩の才能がないことは周知の事実でした。ところがそのムハンマドが、詩人が紡ぐような言葉で語るのです。これは確かに神がムハンマドの身体を借りて話しているのに違いない、と見ている人は思ったそうです。

迫害

親戚一同に対する布教が終わると、ムハンマドはようやくメッカの商人仲間にも布教をはじめました。仲間のなかには忠告する者もいました。「馬鹿な真似はやめておけ。商人としての信用を失うぞ」と。

はじめは、親切心からムハンマドに布教を思いとどまるように言っていたメッカの商人たちですが、ムハンマドから見れば、神の声を信じない不届きものですから、かれらと対立せざるを得ません。やがて、メッカの有力者、商人たちのムハンマドに対する態度は、忠告から弾圧へと変化してきます。それに対して、臆病《おくびょう》だったムハンマドも戦闘的になっていきました。

メッカで弾圧を受けていた頃のムハンマドの言葉です。

「悪口、中傷をなす者に災いあれ。かれらは財を蓄えては、それを数えているばかり。財が人を不滅にするとまで考える。必ずや地獄の炎に焼かれるであろう。」

「お前は最後の審判などどうそっぱちだなどという輩《やから》をみたか。連中は孤児を手荒に扱い、貧しい者に糧食を与えようとはしない。災いあれ……。」

蓄財に走る商人、貧しいものを救おうとしない金持ちに対して、呪《のろ》いの言葉を投げつけています。こういうところから、イスラーム教成立の背景には、貨幣経済の活発化によるアラブ社会の貧富の差の拡大があった、といわれます。また、ムハンマドは、未亡人や孤児を大事に扱えと教えていますが、かれの生い立ちを考えるとよく理解できるところです。

ヒジュラ

ムハンマドが布教を開始したのが六一〇年頃、その後十二年間メッカで布教をつづけますが、弾圧は激しくなるばかりで、信者や自分の命すら危ない状態になっていきました。

ムハンマドと信者たちは弾圧を逃れるため、メッカから二〇〇キロほど北にあるメディナへの移住を決断しました。六二二年のことです。ムハンマドは追っ手から身を隠しながら命がけでメッカを脱出しており、他の信者も危険を避けるためいくつかのグループに分かれてひそかに移住しました。

このときの信者はいったい何人いたのでしょうか。布教開始十二年後のこの時点で、信者の数はわずか七十人でした。ムハンマドグループのメディナへの移住は、世界の片隅で起きた小さな事件にすぎなかったのです。

ところが、ムハンマドたちが移住したメディナの町で信者が爆発的に増加します。そこで、イスラーム教ではメッカからメディナへの移住のことを「ヒジュラ（聖遷《せいせん》）」と呼び、ヒジュラの年、六二二年をイスラーム暦元年としています。

当時メディナにはアラブ人とユダヤ人が住んでいました。アラブ人住民は部族間の対立が激しく、またアラブ人とユダヤ人との対立もあり、政治的に不安定な状態でした。実は、ムハンマドのメディナ移住は、メディナ在住のあるアラブ人が、対立するメディナ住民の調停者としての役割を期待して招請したことがきっかけでした。

一方、移住してきたムハンマドと信者たちは、全員部族との絆《きずな》を断ちきっていました。ムハンマドが伝える神の言葉を信じ、部族を超えて団結していました。これは、アラブ人の歴史上はじめてのことで、かれらもこのことを意識していました。

ウンマの拡大

部族を超えた信者たちのまとまり、共同体のことをウンマといいます。

部族対立が激しくなっていたメディナの町でムハンマドたちウンマの存在は、部族を超えた中立な調停者としての立場を得ることになりました。ムハンマドは、相争う勢力を自分の同盟者としてウンマの一員に迎えることでメディナに安定をもたらしました。こうして、ムハンマドは、宗教的というより政治的に勢力を拡大しました。「争いを回避したかったら、神の教えを信じ、ウンマの一員となりなさい」という形での布教に成功したのです。

メディナで勢力を広げる過程で、ムハンマドは宗教としての儀礼、体裁を整えていきました。この段階でイスラーム教の形が定まりました。

メディナでイスラーム教のウンマが一定の勢力に成長すると、砂漠の遊牧諸部族もムハンマドと同盟を結ぶことを有利と考えるようになってきました。部族間の小競り合いは頻繁にあります。もし、イスラーム教の信者を兵力として借りることができれば敵対部族より有利になります。ムハンマドは、助力を請う部族に対して、入信すれば助けてやる、と言います。言われた部族は丸ごと入信します。これと対立していた部族はどうすればよいか。敵対部族からの攻撃を防ぐには、自分たちもウンマの一員になればよい。こちらも部族丸ごと入信する。

こんなふうに、雪崩《なだれ》を打つようににイスラーム教の勢力は拡大していきました。結果としてイスラーム教の教勢拡大は、国家を持たなかったアラブ人にはじめて政治的まとまりをもたらすことになったのです。

部族に関係なく信者はみんな平等だと教えるムハンマドの言葉を紹介しておきましょう。

「……もはや何人たりとも地位や血筋を誇ることは許されない。あなたがたは、アダムの子孫として平等であり、もしあなたがたの間に優劣の差があるとすれば、それは神を敬う心、敬神の念においてのみである。」

六三〇年には、ムハンマドは、長く敵対関係にあったメッカを征服、六三一年にはアラビア半島を統一しました。その翌年、六三二年にムハンマドは死去しますが、かれの死後、イスラーム教はさらに発展していきました。

ムハンマドがおっかなびっくりはじめた宗教活動が、アラブ人をまとめるまでになったのです。すでに、イスラーム教そのものが国家でした。

イスラーム教の発展

正統カリフ時代

ムハンマドが亡くなった時点で、イスラーム教はアラビア半島を統一して一大政治勢力になっていました。ムハンマドに代わって誰がこの大集団を統率するのかということが問題になりました。ムハンマドには跡継ぎとなる男子がいなかったのです。またムハンマドは「最後にして最大の預言者」ですから、かれ以上の宗教指導者は理論上現れることはありません。結局、残された信者たちは選挙で自分たちの中から指導者を選ぶことにしました。このようにして選ばれた信者の指導者を「正統カリフ」といいます。カリフは「預言者の代理人」という意味です。「正統」と冠をつけるのは、正しい手続きで選ばれたことを示すためです。正統カリフは四代つづき、かれらがイスラーム共同体を指導した時代を「正統カリフ時代」(六三二〜六六一年)といいます。

さて、この正統カリフ時代に、イスラーム教によってひとつにまとまったアラブ人のエネルギーがアラビア半島の外に向かって奔流のようにあふれだし、領土が急速に拡大しました。イスラーム教では、異教徒との戦いを聖戦(ジハード)として、信者の義務のひとつとしていたこともあり、積極的に対外戦争をはじめたのです。

六四二年、イスラーム軍はニハーヴァンドの戦いでササン朝ペルシアを破り、この後、六五一年にササン朝が滅亡すると、その領土を支配しました。また、ビザンツ帝国からは、シリア、エジプトを奪いました。

この段階で、イスラーム教徒のほとんどはアラブ人ですから、イスラーム教の発展はアラブ人の発展です。

アラブ人は占領地に拠点となる都市を建設し、そこに移住して統治をおこないました。被征服諸民族はジズヤと呼ばれる人頭税、ハラージュと呼ばれる土地税の支払いを義務づけられましたが、イスラーム教への改宗の強制はなかったようです。

カリフはもはや単なる信者の指導者ではなく、広大な領土の支配者として強大な権力と富を手にするようになりました。正統カリフに選ばれた者たちは、皆ムハンマドが布教を開始した頃からの古い信者で、質素で素朴な信仰生活を送っていたのですが、それでも三代目のウスマーンになると王侯のような贅沢《ぜいたく》な生活をはじめます。その他の指導者層のなかにも、信者に対して支配者のように振る舞う者が現れてきました。イスラーム共同体＝ウンマがだんだん変質して、共同体が理念だけになってくるのです。

ウスマーンは、その贅沢ぶりに反感を持つグループに暗殺され、次の第四代正統カリフになったのがアリーです。

アリーは現在でもイスラーム世界で人気の高い人物です。人柄は率直で、強固な信仰心を持ち、勇敢な戦士だったといいます。しかも、ムハンマドのいとこであり、また娘婿でもありました。ムハンマドの娘ファーティマと結婚して、二人の間には息子もいました。この子供はムハンマドの孫にもあたるわけですから、血縁の点でもアリーは特別な人だったのです。

ところが、アリーのカリフ就任に反対した実力者がいました。第三代正統カリフ、ウスマーンと同じウマイヤ家出身でシリア総督だったムアーウィヤという人物です。ムアーウィヤはカリフ位を要求し、アリーとの間で戦争になりました。このあと、別のグループにアリーが暗殺されると(六六一年)、ムアーウィヤは選挙によらずカリフになります。実力によって就任したムアーウィヤは正統カリフとは呼ばれません。

ムアーウィヤは息子にカリフ位を継がせ、以後ウマイヤ家出身者がカリフ位を世襲したため、これをウマイヤ朝(六六一〜七五〇年)といいます。

これ以後、イスラーム世界は王朝が興亡する時代にはいります。やがて、ウマイヤ朝は別の王朝に取って代わられ、その王朝も複数の王朝に分裂していきました。また、イスラーム王朝の支配のもとで、被支配民族にもイスラーム教は浸透し、アラブ人以外の民族によるイスラーム王朝も出現するようになりました。このような時代になっても、イスラーム教が当初もっていたイスラーム共同体の理念は消えることなく、国や民族の違いを超えて、イスラーム教の信者は自分たちがただひとつのウンマの一員だという意識をもちつづけました。

シーア派とスンナ派

話は戻りますが、ムアーウィヤがカリフ位に就いたときに、その地位を認めず、暗殺されたアリーの子孫こそが正統なカリフであると主張するグループが誕生しました。このグループをシーア派といいます。ムハンマドよりアリーの方が偉いと考える人たちもいるほどです。

シーア派は、アリーの子孫を教主と仰いで存続し、アリーの子孫が十二代目で途絶えたあとも、様々な分派に分かれながら現在にいたるまでつづいています。たとえば、現在のイランはシーア派を国教にしています。

一方で、ムアーウィヤのカリフ位を承認した人々はスンナ派と呼ばれました。信者の多くは、こちらの立場でした。スンナ派は現在でもイスラームの多数派です。

イスラーム教の特徴

一神教

イスラーム教の特徴として、一神教であるという点は重要です。ムハンマドが神懸かりになったときに、相談したハディージャのいとこはキリスト教にくわしい人物でした。また、ムハンマドがイスラーム教の教義を確立したメディナはユダヤ教徒の住民も多く、ムハンマドはかれらからも大きな影響を受けています。つまり、イスラーム教はユダヤ教、キリスト教に強く影響されて誕生した宗教で、一神教の特徴をそのまま受け継ぎました。

イスラーム教で唯一神をアッラーと呼ぶことはよく知られていますが、アッラーというのは神の名前ではありません。アラビア語で「神」という意味の一般名詞に定冠詞がついたものので、英語なら"The God"、あえて訳せば「あの神さま」となるでしょうか。

では、神の名前は何かというと、ヤハウェです。ユダヤ教やキリスト教と同じ神をイスラーム教は信仰しているのです。『旧約聖書』の物語もそのまま受け入れました。だから、人類はアダムとイヴからはじまったとイスラーム教徒も考えています。

預言者

ムハンマドは神の声を聞き、それをそのまま人々に伝えました。かれのように神の言葉を聞く人間のことを預言者といいます。神の「言葉」を「預《あず》かる者」という意味で、未来を予想する予言者とはまったく違う存在です。預言者は未来を予言しません。

イスラーム教の解釈では、ムハンマド以前にも神は何人かの人間に言葉を伝えています。それが、「ノアの箱船」のノア、「出エジプト」のモーセなど、『旧約聖書』の登場人物たちです。ムハンマドはそれらの人物を自分と同じ預言者として認めます。さらにイエスも預言者の一人だった、とムハンマドは言います。

さらに、神はこれまでの預言者たちにすべてを伝えたわけではなく、まだ言い残した言葉があったため、これを伝える者としてムハンマドが選ばれたのだ、と。

したがって、イスラーム教でのムハンマドの位置づけは「最後にして最大の預言者」です。神が言い残していたすべてをムハンマドに伝えてしまったので、もう何も人類に伝えることはない。だから、ムハンマドは最後の預言者なのです。

ムハンマドが他の人間と違うのは神の声を聞くことだけで、それ以外に特殊な能力はまったくありません。イエスのように病癒しなどの奇跡を起こしたりはしません。

イスラーム、ムスリム

イスラームという言葉は「神への帰依《きえ》」を意味します。帰依とは「深く信仰し、その教えにしたがう」ということです。だから「イスラーム教」という言い方はそのまま訳すと「神を信仰する宗教」という意味になってしまいます。

イスラーム教徒のことは「ムスリム」といいます。意味は「神に帰依した人々」です。最近は新聞などでも頻繁に目にするようになってきました。常識的に知っておくべき言葉になりつつあります。

『コーラン』

イスラーム教の聖典が『コーラン』です。ここにはムハンマドが伝えた神の言葉が集められています。『コーラン』と呼ぶのが一般的ですが、これはトルコ語読みなので、最近はアラビア語風の発音で『クルアーン』と言うことも増えてきました。

『コーラン』は、考えようによってはものすごい書物です。たとえば仏教のお経やキリスト教の『新約聖書』は、ガウタマ・シッダールタやイエスの言葉がどれだけそのまま伝えられているかという点から見ると、かなりあやふやなものです。しかも、ガウタマ・シッダールタやイエスは人間ですから、かれらの言葉が正確に書かれていても人間の言葉に過ぎません。ところが、『コーラン』は神の言葉そのものなのです。神がムハンマドの肉体を通じて語りかけたのだから。しかも、それをリアルタイムで聞いていた信者たちが、書き留めてまとめたものです。おさめられているのはムハンマドが神懸かりになったときの言葉だけで、平常時に話した言葉は一切入っていません。

他の宗教の経典はのちの時代の信者たちが教祖の言葉を解釈してまとめたもの。『コーラン』は神の言葉を解釈抜きで書き留めたもの。この差は大きい。成り立ちで比べれば、『コーラン』の純度は抜群に高いのです。

ムハンマドはアラブ人ですから、アラビア語をしゃべりました。神懸かり状態のときもアラビア語です。ということは、神はアラビア語でしゃべったのです。神の言葉を人間が勝手に変えることはできませんから、『コーラン』は翻訳不可能です。書店に行けば日本語訳『コーラン』が置いてありますが、正確にはこれは『コーラン』ではありません。私たちがイスラーム教がどんなものか知るのにはそれで充分ですが、もし、入信するならアラビア語で誦まなくてはダメです。

このため、イスラーム教が西アジアからアフリカ北岸に広がるにしたがって、アラビア語も広まっていきました。今も、世界中のムスリムは、民族に関係なくアラビア語で祈りを捧げているのです。

啓典の民

ムハンマドは、イスラーム教を唯一正しい宗教と考えていましたが、同じ神を信じるユダヤ教徒とキリスト教徒だけは「啓典の民」と呼びその立場を認め、ジズヤ（人頭税）を支払えば、その信仰を許しました。

ただ、のちの歴史を見れば明らかなように、イスラーム教側が尊重したほどには、ユダヤ教やキリスト教はイスラーム教を尊重しませんでした。同じ神を信じ、『旧約聖書』の物語を共有しているだけに、近親憎悪があるのかもしれません。ムハンマドがイエスより偉大な「最後にして最大の預言者」で、『コーラン』が神の言葉、などという主張は到底受け入れられないのでしょう。

イスラーム教徒の義務

六信

ムスリムには信者としてしなければならない「おつとめ」として「六信五行《ろくしんごぎょう》」という義務があります。

「六信」とはムスリムが信じなければならない六つのこと、「神」「天使」「啓典」「預言者」「来世」「天命」をさします。

「神」は、そのまま神。具体的にはヤハウェ神を信じなければならない。

「啓典」は『コーラン』のこと。

「天使」。ムハンマドに「誦め！」と迫った大天使ガブリエルのような天使の存在を信じることです。

「預言者」はムハンマドその人。

ユダヤ教やキリスト教の教えを引き継いでいますから、イスラーム教でも歴史には終末があり、最後の審判がおこなわれると考えます。神によって人々は天国と地獄に振り分けられる。「来世」はこれらを信じるということ。

最後の「天命」は、神が人間の運命をあらかじめ定めているということです。運命がはじめから決まっていると聞くと、人間には主体性も自由もないようで、あまりいい感じを受けませんが、ムスリムの現実生活のなかでは気軽に、また都合よく受けとめられているようです。ムスリムは「インシャーアッラー」という言葉をよく使います。「神が望むならば」という意味です。たとえば、友人と何か約束をするとき、必ず「インシャーアッラー。」約束を守るかどうかは、神がどう運命を定めているかにかかっています。約束を破っても、それは私の責任ではない。神が望まなかったのだからしかたないですよ、と事前のお断りのあいさつです。こういう発想ができるなら「天命」も重苦しくないかもしれません。

五行

「五行」は、ムスリムが行わなければならない五つのことがら、「信仰告白」「礼拝」「断食」「喜捨《きしゃ》」「巡礼」です。

「信仰告白」というのは、「アッラーの他に神なし。ムハンマドはその使徒なり。」と唱えることです。声に出さなければなりません。「信仰告白」は、次の「礼拝」と一緒におこなわれます。

「礼拝」は、正式には一日五回、メッカの方向を向いておこないます。テレビで見たことのある人は多いと思います。ムハンマドはイスラーム教の教義を作りあげていくなかで礼拝の方向も決めました。初期にはイエルサレムに向かっておこなった時期もありましたが、ユダヤ教徒との関係などもあり試行錯誤のすえ、最終的にはメッカのカーバ神殿に向かって礼拝することに決めました。世界中のムスリムが礼拝の時間にはメッカのカーバ神殿に向かって拝むのです。

カーバ神殿

このカーバ神殿というのは、ムハンマドが生まれるずっと以前からメッカにあった神殿で、多くのアラブ人の信仰を集め、中にはたくさんの神像が祀《まつ》られていました。

ところが、ムハンマドはメッカを占領した六三〇年に、これらの神々の像を全部破壊しました。イスラーム教の特徴のひとつに偶像崇拝の徹底的な否定があります。ユダヤ教もキリスト教も偶像崇拝は否定しているのですが、イスラーム教は最も徹底しています。

ムハンマドなどイスラーム教の指導者を描いた絵画も、たいてい顔をベールで隠してあります。実際にムハンマドがベールを着けていたわけではないのですが、偉大な預言者を描いてしまうと、信者が思わず拝んでしまうかもしれません。これこそがイスラーム教が否定する偶像崇拝ですから、そうならないように顔を隠して描いているのです。

話はそれますが、『ザ・メッセージ』という映画がありました。一九七六年、イギリス、リビア、サウジアラビアの共同製作で、私はこの予告編を映画館で見ました。ムハンマドの伝記映画なのですが、非常に興味深いことに、主人公ムハンマドが一切画面に出てこない。どうしてかというと、カメラがムハンマドの視点という設定なのです。偶像崇拝否定が徹底しています。

カーバ神殿の話に戻りますが、ムハンマドが神像を全部破壊して、そのあと神殿の中はどうなったか。空っぽです。

宗教は「祈る・拝む」という行為と切り離せません。礼拝のない宗教はありません。拝むときには、やはり拝む対象が欲しい。また、みんながてんでばらばらの方を向いていたのでは信者同士の連帯感も生まれにくいでしょう。ムハンマドが苦肉の策で考え出したのが、空っぽの神殿に向かって拝むということだったのです。

ただし、正確には、カーバ神殿には何もないのではなくて、神殿の壁の一カ所に「カーバの黒石」と呼ばれる石がはめ込んであります。いん石らしいのですが、この黒石がアッラーの指先とされています。千年以上も巡礼者がなでつづけ、現在ではかなりへこんでいます。

ムスリムはどこにいても、メッカに向かって礼拝をします。ところが旅行者や外国滞在者にはメッカの方向がわからなくなる。そんな人向けに「メッカ探知機セット」が売られています。地図で緯度と経度を調べて、コンパスでメッカの方向がズバリわかる。こんな商品があるくらいに、礼拝は大事な「行」です。

「礼拝」の手順はなかなか複雑です。立ったり座ったりして、何度も「神は偉大なり」と唱えます。また、礼拝前には手や顔を決まった手順で清めますし、途中で『コーラン』の一節を唱えたりもしますから、時間もかかります。したがって、非イスラーム教国に暮らしている場合は、周囲の理解を得にくいため実行は困難です。ですから、今では住んでいる地域によって、朝晩の礼拝以外は簡略化してもよい、もしくは、しなくても構わないなどと柔軟になっているようです。

断食は楽しい?

イスラーム教では一年に一回の断食月(ラマダーン)を定めています。断食といっても、まったく何も食べないのではありません。日の出から日没まで、太陽の出ている時間帯に食べ物を口にしないというもので、日が沈んだら食べてもよいのです。

それでも、なかなかつらいと思いますが、イスラーム教国の人たちは、ラマダーンが楽しいといいます。感覚的にはお祭りに近いものがあるということです。

自分だけダイエットして、好きなものが食べられなくて空腹というのはつらいけれど、ラマダーンにはみんなが食べられない。「あー、お腹すいたな、つらいな」と思う。隣の人の顔を見ると同じように「あー、腹減った」という顔をしている。この人も、あの人も、みんなつらいけど我慢しているんだと思うと、ともに戦っている仲間だという連帯感が芽生えてくるのです。

そして日が沈むと「やったー！」とみんなが思うのです。この瞬間の解放感がたまらないといいます。親戚や友人がみんなで食べ物を持ち寄って、夜はパーティです。イスラーム教は飲酒を禁じているので食事会。こういうお祭り気分が一ヵ月つづく、それがラマダーン。イスラームの「断食」です。

喜捨

これは、富める者が貧しい者に財産をわけあたえることです。商人であるムハンマドがはじめたイスラーム教には、商人の倫理が根底にあります。ですから、正当な商取引で儲《もう》けることは全然悪いことではありませんが、儲けっぱなしで財産をため込むことは卑しいことと考えます。儲けたなら、それを貧しい者に施すべきと教えます。

これは、逆から見ると、貧しい者は豊かな者から恵んでもらって当然という考えになります。こんな話があります。ある日本人がイスラームの国に旅行しました。駅を降りると物乞いが寄って来て「金をくれ！」と言いました。その態度が横柄で日本人には威張っているように見えました。ムッとして「なぜ、お前に恵まなければならないんだ？」と問いかけると、

「お前は日本人だろう、お金をたくさん持っているはずだ。俺は貧しい。豊かな者が貧しい者に恵むのは当然のことだ。俺がお前の金をもらってやる。そうすればお前は喜捨ができて、来世で救われるのだ」と理屈を言ったそうです。

貧しいということは、どんな世界でも決して楽しいことではないはずです。でも、こういう喜捨の考え方があれば、貧しい者が卑屈にならなくてすむのかもしれません。

喜捨と関係するのですが、イスラーム世界ではイスラーム銀行という銀行があります。この銀行は日本や欧米の銀行とは違って原則的に利子がないのです。なぜ、預金者はこんな銀行に預けるのかというと、銀行は預金の運用益を喜捨的な事業に使うのです。だから、イスラーム銀行に預けるということは間接的に喜捨をすることになるのだそうです。

巡礼

メッカに巡礼することです。一年に一回の巡礼月には世界中からムスリムがメッカに集まってきます。現在メッカを領有するサウジアラビア政府は巡礼者の受け入れに非常に気を配っています。また、それがサウジアラビア政府の威信を高めることにもなっているようです。

交通の便が悪く、長旅が命の危険をともなった時代には、メッカへの巡礼はなかなかできることではなく、一生に一度メッカ巡礼を果たすことがムスリムの悲願でした。巡礼をした人は「ハッジ」と呼ばれ、現在でも地域の人々から尊敬されます。

ムスリムの生活

イスラーム法

イスラーム教徒は『コーラン』にしたがって生活します。『コーラン』は宗教的な内容だけでなく、日常生活のルールもいろいろ定めています。ムスリムとして生活しようとすると、宗教以外の面でも『コーラン』に縛られることが多いのです。また、ムスリムが生活上でいろいろなトラブルがあった場合には、『コーラン』の記述にもとづいて裁きます。『コーラン』だけでは判断がつかないことがらについては、「ハディーズ」と呼ばれるムハンマドが生前に下した様々な判断や言動の記録が参照されました。

こうして、イスラーム世界では『コーラン』や「ハディーズ」にもとづく法律が発展しました。これをイスラーム法といいます。イスラーム法を学んだ法学者をウラマーといいます。

イスラーム世界では、このウラマーが人々の日常的な生活相談から政治的な指導までします。

日本や欧米では、政教分離の原則から、政治に宗教が関わらないように制度上様々な工夫をしています。ところが、イスラーム世界では原理的に政治や法律を宗教と切り離すことができません。すべてがイスラーム教に関わっているのです。

たとえばムスリムが結婚する場合、結婚前に両者が契約書を作ります。そこには離婚する場合の条件まで書いてあります。夫が妻に支払う慰謝料の金額などです。そして契約書をウラマーに見せて、問題がないのを確認してもらってから正式な結婚となります。こういう結婚の仕方がイスラーム世界でどこまで一般的かはわかりませんが、そういう地域もあるということです。

聖職者を認めない

イスラーム教では僧侶《そうりょ》、聖職者はいません。信者はすべて対等です。キリスト教の神父のように、一般信者の上に立ち、神との関係を仲立ちするような存在を認めません。

テレビやニュースで「○○師」という呼称で聖職者のような人が出てきますが、かれらはウラマーであって聖職者ではありません。イスラーム法を解釈するだけで、神との関係で特別な地位にあるわけではないのです。

ただ、一般民衆の心情として聖者を求める気持ちはあって、地域ごとに様々な聖者が祀られています。ただ、これは公式的イスラーム教から見ると変則的なものです。

イスラームと商業

ムハンマド自身が商人だったこともあって、イスラーム教は商業倫理を尊重しています。仏教でもキリスト教でも商業を軽視、もしくは蔑視《べっし》するところがあります。これは、農民のように額に汗して手に豆を作って働かず、右のものを左に動かすだけで儲けることを卑しいこととしたためです。イスラーム教にはこういう面はありません。むしろ、商人が正しい契約によって利益を得ることを積極的に肯定します。

このため、イスラーム世界では商業が発展しました。はやくも八世紀には中国から地中海までつながる交易ネットワークが形成されました。また手形や為替《かわせ》のような商業システムも整備されました。

イスラーム王朝の征服活動だけでなく、こうしたムスリム商人の活動によっても、イスラーム教は広がっていったのです。

イスラームと都市

商業が発展すると、当然都市も発展します。

都市にはモスクが建設されます。四囲《しい》にミナレットと呼ばれる尖塔《せんとう》が建ち、中央にはドームを戴《いただ》く特徴的な建築です。モスクは寺院だと思われがちですが、正確には礼拝所です。寺院と違い、聖像もなければ、聖職者もいません。ただ、部屋の壁にメッカの方向を示すキブラと呼ばれるくぼみが作ってあるだけです。この方向に向かって、信者たちが礼拝をするわけです。

都市には市場、バザールもでき、ここで様々な商取引がおこなわれます。

そのほかにも、隊商宿、公衆浴場、公衆便所、賃貸アパート、貸店舗などが整備されていました。これら都市の公共施設は、富裕な商人たちが拠出した信託財産（ワクフという）によって維持されています。イスラーム教国の都市では水飲み場とか噴水とか、非常にきれいに整備してあります。政府ではなく、町の富裕な商人たちのワクフで管理しているのです。

これも喜捨のひとつといえるでしょう。

国家は不要

イスラーム教の教えにもとづいて、お金持ちがワクフや喜捨をちゃんとおこなうならば、弱者救済や公共事業が民間でできるわけで、政府は不要です。実際、イスラーム世界の人たちにとって政府、国家は上から突然やってきて税金だけを取る余分なものという感覚が強いようです。

ムハンマドの時代、そしてムハンマド死後のしばらくの間は、イスラーム世界には国家はなくて「イスラーム教」だけで人々は生活していたわけですから、本来ムスリムの共同体＝ウンマがしっかりしていれば国家などなくてもよいということになるわけです。

イスラーム教と女性

イスラーム教は女性を抑圧しているというイメージが強くあります。服装ひとつとっても、顔はベールで隠し、全身黒ずくめの衣装で肌はどこも露出していない姿が、自由を奪われているように見えます。

しかし、これは極端な格好で、インドネシアやマレーシアでは女性もここまで肌を隠してはいません。せいぜい頭髪をスカーフで覆っているくらいです。

日本でもイスラーム教に入信する人が増えています。その多くはムスリムの男性と結婚して改宗する女性です。日本人女性でも、入信すればやはりスカーフで髪を隠すようです。

何年か前の新聞記事にあった話です。イラン人男性と結婚してムスリムとなった女性が、運転免許証の更新のために警察へ行ったのですが、免許の写真を撮る段になって、警官が「スカーフを取れ」と命じたのです。彼女は宗教上の理由でスカーフははずせない、スカーフをしていても顔はわかるはずだから認めて欲しいと訴えたのですが、理解してもらえず、免許のために泣く泣くスカーフをはずしました。しかし、あとから考えるほどに納得できず、憲法で保証されている「信教の自由」を侵害されたと憤慨しているという事件でした。

かなり以前の話なので、現在の対応はわかりませんが、右の事例は地方都市。この時点で東京都などでは、ムスリム女性は珍しくなく、スカーフで髪を隠したままでの免許写真を認めていました。

なぜイスラーム教では女性はベールやスカーフをつけるのでしょう。

イスラーム教では人間は弱いものだ、という発想があります。人間は意志が弱いという前提でイスラーム教の倫理は組み立てられています。先ほど、結婚の前に離婚の条件を決めておく話をしましたが、夫婦の愛も永遠につづかないかもしれないという、非常に冷静な判断が最初にあるのです。人の意志は弱いものだから、決して永遠の愛は誓わない。まさに、夫婦が愛し合うのは「インシャーアッラー（神が望むならば）」です。

同様に、男の理性は弱いから、性欲に打ち勝てないかもしれない、という前提に立つのです。弱い男の理性を崩壊させないように、女は肌を隠す、という発想が根底にある。単純に、女は引っ込んでおけ、という抑圧の発想だけではないようです。

しかし、現代では、肌を出すことができないことは女性に対する抑圧だという意見がイスラーム世界の女性からも出ていることも確かです。

実際のところ、こういう格好をしている女性はどんな感覚なのか。エジプトの大学に留学した日本人女性がそのあたりを体験を含めて書いています（片倉もとこ著『イスラームの日常世界』、岩波新書）。

ベールをつけて全身をすっぽりと覆うと、気分的には楽になるそうです。男たちに見られるというプレッシャーから完全に自由になれる。逆にベールの内側から男をじろじろ見ても誰にも気づかれることはありません。

パーティの時には、女性だけなので、ベールをはずし黒いガウンを脱ぎます。その下は色とりどりの衣装で着飾っていて、男性の視線を気にせず食事やおしゃべり。さらに、男性ダンサーの踊りを楽しんでいるということです。

イスラーム教は一夫多妻で、男は妻を四人持てるというのは有名な話です。これも、男尊女卑の典型のように思われがちですが、ムハンマドとしては女性を保護するために定めた規定だったのです。

イスラーム教の登場以前からアラブ社会は一夫多妻で、男は何人でも妻を持つことができました。イスラーム教はそれを四人に制限したのです。しかも、ムハンマドは「すべての妻を平等に愛せるならば」四人まで持ってよいと、条件を付けています。厳密に考えれば、複数の女性を平等に愛することは不可能です。だから、現実には一夫一婦制に限りなく近い規定なのです。ムハンマド自身もハディージャが亡くなるまでは、他に妻を迎えませんでした。

それなら、はじめから一夫一婦制にすればよかったんじゃないか、という声も聞こえそうですが、ムハンマドがメディナに移住したはじめの頃は、メッカとの戦争などでムスリムの男性に多くの戦死者がでました。その結果、多くの未亡人が残されました。生き残った男たちに彼女たちの生活の面倒を見させるために一夫多妻制をとった、というのが四人の妻を認めた理由です。

また、イスラーム世界では公共の場で男女を一緒にしない事例もしばしば見られます。先日見たイランの映画では、小学校でも男子と女子の登校時間が違っていました。女子が帰宅してから男子が登校するのです。イランではスキー場でもゲレンデが男女別になっていて、家族でスキーに行ってもお父さんとお母さんは別のゲレンデ、兄と妹も一緒には滑れないようになっています。

公共の場で男女を分け、女性が顔を隠すのが一般的な国では恋愛はどうなっているのでしょうか。

ムスリムであろうと年頃になれば異性に憧《あこが》れます。ところが、若い男子が女子と知り合う機会はまったくない。町を歩けば女性とすれ違うけれど、容姿どころか年齢すらもわからないのだから好きになりようがないのです。だから、結婚は親が決めたお見合い結婚が一般的です。

それでも恋愛結婚もあることはあります。どういう場合かというと、ほとんどはいとこ同士です。親戚同士なら幼い頃から行き来があるし顔を見ることができるわけです。だから、思春期になったときに知っている異性といったらいとこしかいない。彼女しか知らないのだから当然彼女を好きになるというわけです。でも、彼女の方は、ベールの向こう側からいろいろと観察できるわけですが。

5 仏教

古代インド

バラモン教

紀元前一五〇〇年前後、イラン方面からアーリヤ人と呼ばれる人々がインドに移住してきました。アーリヤ人は、言語的にはインド・ヨーロッパ語族に属し、現在のヨーロッパ人やイラン人と祖先を同じくする人々です。

アーリヤ人はドラヴィタ人などインドの先住民族を征服しながら、インド西北部に定住し、さらに前一〇〇〇年頃には、ガンジス川流域まで広がっていきました。

この間に、アーリヤ人たちはのちのインドに大きな影響をあたえる二つのものを生み出しました。宗教と身分制度です。

アーリヤ人は、先住民と戦い、森を伐《き》り拓《ひら》き、農耕生活をはじめるなかで、様々な自然現象を神格化していきました。そして、神々をたたえる賛歌を数多く生み出します。これらの賛歌は、前一二〇〇年頃から前六〇〇年頃までに「ヴェーダ」と呼ばれる賛歌集にまとめられていきました。

神々を祀《まつ》る儀式で、司祭者は「ヴェーダ」を唱え、生《い》け贄《にえ》を捧げました。司祭者はやがてバラモンと呼ばれる僧侶《そうりょ》身分となっていきました。こうして生まれた「ヴェーダ」を経典とする宗教をバラモン教といいます。

バラモンたちは、神々を祀るための複雑な儀式を編みだし、自分たちのあいだだけで祭式の方法を独占伝承していきました。その結果、バラモンは特権身分となっていきました。国家成立以前の部族社会の段階では、宗教を主宰するバラモンたちが社会の指導者として振る舞ったと思われます。

身分制度

バラモン教の成立と並行して、身分制度もできあがっていきました。最上位の身分が僧侶であるバラモン。次が武人身分のクシャトリヤ、三番目がヴァイシャと呼ばれる一般庶民、最下位が隷属民シュードラです。この身分のことをヴァルナといい、種姓と訳しています。

さらにこの四つのヴァルナの下に最下層の身分として不可触民があります。四ヴァルナのどこにも属すことが許されない被差別身分です。ヴァルナの別は、聖賤《せいせん》の観念と結びついています。バラモンは最も清浄な身分であり、下に行くほど不浄な身分であると考えられました。穢《けが》れが多いため触れてはいけないから不可触民なのです。

このヴァルナは現在までつづいています。ただ、バラモン身分の人が現在でも全員僧侶だったり、クシャトリヤ身分が全員軍人だったりとか、そういうことはありません。農民のバラモンもいれば商売をしているシュードラもいます。時代が過ぎ、社会が複雑化するにつれて、人々はヴァルナの区分とは関係なく様々な職業にたずさわるようになっていったのです。それにともなって、ヴァルナとは別に、細分化し複雑化した身分が作られました。これをジャーティーといいます。一般にインドの身分制度として知られるカースト制は、このジャーティーをさします。

身分制度は差別と一体です。現在、インドの憲法は身分差別を禁じ、インド政府はカースト制をなくす努力をしていますが、現実には、ジャーティーが異なる結婚が周囲に反対されるなど身分差別が根強く残っているようです。

ウパニシャッド哲学

話を古代インドに戻します。バラモン教は祭式中心主義の宗教でした。定められた細かい次第や規定どおりに、正確に祭式をおこなうことで神々を満足させ、神々のもたらす災いを鎮め、願い事の成就を祈ったのです。

ところが、ただ単に伝承されてきた儀式を型どおりにおこなうだけでは満足できない人々が現れてきました。かれらは、「ヴェーダ」の言葉や祭式の規定に、世界を解釈するための意味づけをはじめました。意味の探求は、やがて「ヴェーダ」や祭式の解釈からはなれ、世界や自己の本質といった哲学的探求に発展していきました。

このようにして生まれた哲学がウパニシャッド哲学です。ウパニシャッドは「奥義書《おうぎしょ》」と訳します。奥深い真理を語る哲学、とでもいうところです。このウパニシャッド哲学が、インド思想の出発点となりました。

輪廻・業・解脱

ウパニシャッド哲学は何を語っているのでしょうか。

まずは人間の生死について。人は死んだらどうなるかという問いに対する答えが輪廻転生《りんねてんしょう》です。

すべての生きとし生けるものは、生と死を永遠に繰り返します。死んだらまたどこかで何かに生まれ変わる。永遠に回転しつづける車輪のようなものです。

死んでもまた生まれ変わることをインド人はどう捉えたかというと、これは苦です。死ぬことが苦しみなのは理解しやすいですが、インド人は生まれること、生きていることも苦しみと考える。飢饉《ききん》、疫病、戦乱、天災、それらが生み出す愛する者との離別や死別、さらに自分の死。あらゆる不幸が人生にはついてまわる。生きることは苦痛とセットなのです。「今度生まれ変わってもあなたと一緒になりたい」などというセリフとは無縁な世界です。絶対に生まれ変わりたくなんかない。インドの厳しい風土がこのような考えを生んだのでしょう。

死んだあと何に生まれ変わるか。これは生きている間にどんなおこないをしたかで決まります。生きているということは、何かの行為をしているわけで、その行為をカルマ（業《ごう》）といいます。

自業自得という言葉があります。自分のおこないの結果は自分に返ってくる、ということです。この業がカルマです。現実の人生には悪人が幸せな生涯を送り、善人が不幸のまま死ぬことがあります。それで人生が完結してはやりきれませんが、次の生まれ変わりでこの報いを受けると考えれば、それなりに納得できます。こうして、カルマ（業）がある限り、輪廻が永遠に繰り返すという考え方が生まれました。

悪い業を積めば、ナメクジや蠅《はえ》のような生き物に生まれ変わるかもしれません。よい業を積めば人間に生まれ変われる可能性が高まります。

しかし、人間に生まれたとしても、やはり人生は苦であるわけで、人々の願いは二度と生まれ変わらずにすむことです。くるくるまわる輪廻の輪から抜け出すこと、これを解脱《げだつ》といいます。

「輪廻転生」と「業」、そして「解脱」。これがひとつ目のポイントです。

ブラフマンとアートマン

二つ目は宇宙の真理についてです。ウパニシャッド哲学では、宇宙の根本原理が存在すると考えます。これをブラフマンといいます。中国では漢字で「梵《ぼん》」と書きます。

宇宙の根本原理は、キリスト教なら神にあたるものかもしれません。古代ギリシアの哲学者プラトンならイデアと呼ぶのでしょう。キリスト教の神やプラトンのイデアは、人間の手が決して届かない遠いところにあります。ところが、ウパニシャッド哲学はこう考えます。宇宙に根本原理があるならば、「私」も宇宙の一部なのだから、「私」の中にも宇宙の根本原理が宿っているはずだ、と。どこか遠いところに真理があるのではなく、自分の中に真理はある。ここがキリスト教やプラトンと違う発想です。

この「私」の中の真理をアートマンといいます。漢訳では「我」、個人の根本原理です。アートマンこそが、輪廻転生を繰り返す生命の本体でもあります。

自分の中にアートマン（我）があって、それがブラフマン（梵）と究極的には同じものであるとウパニシャッド哲学は教えます。これを仏教用語では「梵我《ぼんが》一如《いちによ》」といいます。アートマンは誰のなかにもあるのですが、われわれはアートマンを簡単には自覚することができません。なぜならば、様々な物質や欲望によって心が曇っているからです。だから、何らかの手段によって心の曇りを取り払わないと、自分の中にアートマンを見いだすことができません。

では、もしアートマンを見いだせばどうなるか。アートマンはブラフマンと同じなわけですから、そのとたんに二つは一体化します。アートマンがブラフマンとひとつになるということは、アートマンが消えてしまうことと同じです。輪廻する本体が無くなるのですから、輪廻転生の輪から抜けでて、二度と生まれ変わることはない。

この状態を解脱といいます。ウパニシャッド哲学の究極目標です。

以上がウパニシャッド哲学の大枠です。この思想にもとづいて多くの探求者が解脱をめざしました。かれらの多くは密林の奥深くに入り、修行をして真理の探究をしました。試行錯誤の中で、解脱するための様々な方法が提唱されました。インドでは仏教だけでなく、ジャイナ教やヒンドゥー教など様々な宗教が生まれましたが、それぞれ解脱の方法に違いがあるだけで、最終目標はみな同じです。すべてウパニシャッド哲学の変奏曲です。

ヨーガも解脱のための方法のひとつです。日本では健康体操になっていますが、本来は肉体を限界まで追いつめて、雑念や欲望を捨て去ることで最後に残るアートマンをつかまえようとしているのです。

難行苦行で解脱に到達しようとする伝統は、現代までつづいています。たとえば二十年間立ったままで座らない苦行者とか、自分を一〇平方メートルの密室に閉じこめて十年間人と会わない修行をしている行者とか、われわれには理解しにくい人たちが今でもインドにはいます。

新宗教成立の背景

前五世紀頃、ウパニシャッド哲学を土台にした新宗教が誕生しました。様々な宗教が生まれましたが、後世まで影響力をもったのは仏教とジャイナ教です。

新宗教が登場した背景には、農業の発展にともなう都市国家の誕生と発展があります。特にガンジス川流域にいくつかの強国が成長してきました。支配者である王や貴族はクシャトリヤ身分で、当然権力を持っています。また、交易も活発化して、商業の担い手となったヴァイシャ身分の中には王侯貴族に劣らない経済力を持ったものもあらわれました。

クシャトリヤやヴァイシャが力をつけてきても、身分的にはバラモンの方が上位です。バラモンは武力も経済力も無いけれど、宗教的権威がありこれに逆らうことはできません。クシャトリヤ、ヴァイシャが、バラモン教と身分制度に不満を持つようになるのは当然の成り行きです。

このようななかで、バラモン教に代わる新宗教として、身分制度を否定するジャイナ教と仏教があらわれたのでした。しかも、この両宗教の開祖はともにクシャトリヤ出身でした。

ジャイナ教

苦行で業を消す

ジャイナ教は仏教とほとんど同時代にあらわれ、同じように流行した宗教です。開祖はヴァルダマーナ(前五四九頃~前四七七年頃?)。尊称をマハーヴィーラといいます。「偉大なる英雄」という意味です。

かれは輪廻の原因である業は、苦行をすることによって消すことができると考えました。人は生きている限り何らかの行為をし、それにともない業が発生します。しかも、前世での業も背負って生まれてきています。したがって、今生《こんじょう》の業を消すだけでなく、前世までの業も消さなければなりません。ものすごい量の苦行が必要です。そのため、ジャイナ教は徹底した苦行を説きます。

不殺生

ジャイナ教には五つの戒律があります。不殺生《ふせつしょう》（命を殺さない）・不妄語《ふもうご》（嘘をつかない）・不偸盗《ふちゅうとう》（盗まない）・不邪淫《ふじゃいん》（セックスをしない）・不所持（何も持たない）です。

この中で、一番重要なのが不殺生。仏教でも不殺生は説きますが、ジャイナ教の不殺生は徹底しています。絶対に生き物を殺しません。この点から、祭式で生け贄を捧げるバラモン教を批判しました。

現在でもインドにジャイナ教徒はいます。ジャイナ教の修行者の写真を見ると、マスクをしています。息を吸うときに空中の小さな虫を吸い込んで殺さないためです。また、蟻《あり》や地中のミミズなどを踏み殺さないために、できるかぎり歩きません。どうしても歩かなければならないときは、虫を傷つけない特製のやわらかいホウキで地面を掃きながら歩きます。ずっと座ったきりで歩かない修行者もいます。それでどうやって生活できるのかというと、こういう苦行者には在家信者がお布施をしてくれるのです。

ジャイナ教の在家信者は、土中の虫やミミズを殺す可能性のある農業を避け、多くは商業や金融業に従事しています。非暴力不服従運動で有名なインド独立の父ガンディーもジャイナ教徒の家に生まれています。

ちなみに、インドの不殺生はヨーロッパ的な動物愛護精神とは少し観点が違います。単純に生き物を大切にする気持ちもあるでしょうが、その根本は輪廻転生から発すると考えられます。たとえば蚊が腕に止まって血を吸っていたら、われわれは反射的にたたいて殺します。しかし、輪廻を信じていたらできません。なぜなら、この蚊は死んだ肉親や友人の生まれ変わりかもしれないのだから。インド人に多い菜食主義も同じ発想から生まれています。

修行の徹底性

ヴァルダマーナは一糸まとわぬ裸の姿で暮らしていました。財産を持たないという不所持の戒律を徹底し、衣服さえ棄《す》ててしまったのです。後の時代には服を着るグループもできましたが、初期のジャイナ教の修行者は皆丸裸です。

また、ヴァルダマーナは断食によって餓死しました。苦行によってすべての業を消し去ったあとは、あらたな業が発生しないように何もおこなわず、餓死することが最善と考えたのです。極端とも思える徹底さが、ジャイナ教にはあります。

仏教

ガウタマの出家

仏教の開祖はガウタマ・シッダールタ（前五六三頃〜前四八三年頃？）、尊称がブッダです。生没年は諸説があってはっきりしません。これはヴァルダマーナも同じで、古代インド人が歴史記録を正確に残さなかったためです。生死は繰り返すと考えると、記録に意味を感じなかったのでしょう。

ブッダとは「悟りをひらいた者」という意味です。ガウタマ・シッダールタ以前にもブッダになった者がいたとも伝えられています。われわれも悟りをひらいたらブッダと名のってかまいません。みんなが信じてくれたら立派なブッダです。

ガウタマは、シャカ族の王子として、現在のネパールに生まれました。ガウタマのことをお釈迦《しゃか》様と呼ぶのは部族名にちなんでいるわけです。ガウタマの母マーヤーは、ガウタマを産んで一週間後に亡くなったため、ガウタマは叔母に育てられました。実母の愛を知らなかったことが原因かどうかはわかりませんが、ガウタマは王子として何不自由なく育てられたにもかかわらず、長ずるにしたがって内省的な傾向が強くなっていきました。人生の無常、生きることの苦痛を常に思い、しだいに解脱をもとめる修行生活に憧《あこが》れるようになりました。

こんな話が伝えられています。ガウタマが人生を楽しまず鬱々《うつうつ》としているのを心配した父王は、美女を集めて息子のために飲めや歌えの宴会を催しました。皆が酔いつぶれた深夜、ガウタマは目を覚まし、ふと傍らで眠っている踊り子を見ました。若さに溢《あふ》れいきいきと踊っていた娘が、今はだらしなく口を開き、よだれを垂らして、まるで屍《しかばね》のようでした。その姿を見て、ガウタマはやがて訪れる死を想ったのです。王子の華やかな生活も虚しい、出家して解脱を求めたいとの想いがつのりました。

さらに有名なのが四門出遊《しもんしゅつゆう》の話。ある時、ガウタマは遠出をするために町から出ようとしました。町は城壁に囲まれ、東西南北に門がありました。最初に東門から出ようとすると、皺《しわ》だらけで骨と皮だけのような老人がいました。これは何か、と召使いに問うと、老人だと答えました。人は誰でもこのように老いるのだと聞かされて、ショックを受けたガウタマは遠出をやめてしまいました。父王から真綿にくるむように保護されて、宮殿から出ずに暮らしていたガウタマは、はじめて老人を見たのです。次に、南門から出ようとすると、そこには汚物にまみれて苦しむ病人がいました。人が病で苦しむことを知り、またショックを受けて外出をやめます。今度は、西門から出ようとしますが、そこでは死者を見て、やはり外出をとりやめました。最後に、北門から出ようとすると、そこには托鉢《たくはつ》の修行者がいました。人生の無常を知り、解脱のために修行をしていると聞き、自分も出家しようと決意した、という話です。

これらは、伝記的事実というよりは、仏教の教えをガウタマの人生に投影した説話ですが、出家前のガウタマの心中はこのようなものだったのでしょう。

現実のガウタマは、十六歳で従姉妹《いとこ》のヤソーダラーを妃に迎え、息子ラーフラをもうけたのち、二十九歳で王子の地位を捨てて出家し修行生活に入りました。

仏教でもジャイナ教でもインドの宗教に共通ですが、悟りをひらいて解脱できるのは、出家者、つまり俗世間を捨て修行する者だけです。家族をもち、働き、普通の社会生活を送っている在家の者は決して解脱できません。

では、在家の人たちの救いはどこにあるのか。それは、出家修行者にお布施をすることです。解脱はできないけれど、解脱をめざしている人のお手伝いをすることで、よい業を積むことができる。よい業を積めば来世では今より少しでもよいところに生まれ変わることができる、そういう考えです。

ガウタマの悟り

当時、森に入ればガウタマのような修行者が大勢いました。ガウタマは何人かの師について修行しますが、どの教えにも満足できません。修行仲間もできて、ヨーガなど様々な苦行を試みました。死んでしまったのではないか、と仲間に思われるくらいの激しい断食もしました。しかし、苦行をしても苦痛に耐える力が付くだけで、少しも悟りに近づきません。

そこで、ガウタマは苦行によって悟りをひらくことをあきらめて、里に出てきます。仲間たちは、あいつは苦行がつらくなって逃げたのだ、などと非難したのですが。村里の川の畔《ほとり》でガウタマが一息ついているときです。苦行をつづけていたガウタマは多分ガリガリに痩《や》せていて見るに見かねたのでしょう。通りかかった村の娘さんが「お坊さん、どうぞ」とミルクを恵んでくれました。その村娘の名がスジャータ。コーヒーフレッシュにこの名が使われていますね。

さて、スジャータからミルクをもらい生命力がよみがえったガウタマは、菩《ぼ》提樹《だいじゅ》の下で瞑想します。すると突然に悟りを得ました。ブッダとなったのです。三十五歳の時でした。

ここから先が後の仏教の展開にとって大事なところです。

悟ったガウタマはこう考えた。この悟りは、とても言葉で表現できるものではない。言葉で説明しても誤解されるだけであろう。だから、人に教えるのはやめておこう、と。

ところが、すぐに思い返します。いやいや、悟りに近いところにいながら、あと一歩のところで悟れない人がたくさんいる。私が教えを説くことによってそういう人々が悟れるようになるかもしれない。水面下すれすれで咲いている蓮《はす》の花をほんの少し引っ張り上げてやることで水上に花が開くように、と。

こうしてガウタマは布教を開始します。布教を決心して最初に出会ったのが修行時代の仲間たちでした。かれらはガウタマがやって来るのを見て、苦行から脱落した奴だから相手にせずにおこう、と示し合わせるのですが、近づいて来たガウタマの顔を見て「こいつは変わった」と思う。さらにガウタマの説法を聞いてかれの悟りを確信して最初の弟子になったということです。

四諦八正道

ガウタマの説いた仏教とはどんなものだったのでしょうか。ガウタマの死後、その教えは様々に解釈され、多くの分派が生まれていきました。そのなかから、本来のガウタマの教えを選り分けていかなくてはなりません。ガウタマの教えとおもわれるものをまとめると次のようになります。

キーワードは四諦《したい》と八正道《はっしょうどう》です。

まず四諦。これは四つの真理という意味です。まず一番目の真理、人生は苦である。これはいいですね。ウパニシャッド哲学の基本でした。二番目、苦しみには原因がある。三番目、原因を取り除けば苦しみも消える。なかなか論理的です。四番目、原因を取り除く方法は八正道である。八正道とはなんでしょうか。期待が高まります。

その八正道です。文字通り八つの正しい道ということです。

一、正しく見る。二、正しく考える。三、正しく話す。四、正しく行動する。五、正しく生活する。六、正しく努力する。七、正しく思いめぐらす。八、正しい心を置く。

これはいったい何なのでしょう。高まった期待は肩すかしにあった感じです。宗教というより一般道徳のようです。ジャイナ教に比べるとはっきりしない教えのように感じますが、当時の人々にとってはこのことが逆に新鮮だったのかもしれません。命を落とすほどの苦行をするのが当たり前という中で、ガウタマは苦行を否定して理論によって悟る道を示したのですから。

八正道は、見る、話す、思いをめぐらす等、日常的なおこないばかりで、断食や苦行など極端な行為は含まれていません。八正道のすべてに「正しく」とあります。極端を避けることが正しさです。極端を避ける教えを「中道」といい、これも仏教のキーワードです。

仏教にも不殺生・不偸盗・不邪淫・不妄語・不飲酒《ふおんじゅ》の五つの戒律があります。最後の不飲酒が不所持と異なるだけで、他はジャイナ教と同じです。ただ、仏教の戒律はジャイナ教のように絶対遵守ではありません。ゆるやかな戒めでした。これも、中道をめざすガウタマらしいありようです。

中道が、八正道の「正しく」することの必要最低条件としても、中道だけでは抽象的であって、具体的にどうすればよいのかは示されていません。そのためには、徹底的に考えなければならない。ガウタマは、この考えること、つまり智慧《ちえ》の力によって、欲望を虚しいものと知り、苦しみの原因を取り除くことを教えたのだと思います。

仏教の発展

仏教もジャイナ教同様、バラモン教を批判しヴァルナ制度を否定しました。そのため、クシャトリヤとヴァイシャが積極的に仏教を支持しました。『平家物語』の冒頭に出てくる祇《ぎ》園精舎《おんしょうじゃ》というのは有力商人がガウタマと教団のために寄進した庭園を漢訳したものです。ガウタマはこのような各地の王族や富裕な商人など、支援者に招かれ、弟子たちとともに旅をつづけていきました。そして各地に、ガウタマの教えを守りつつ修行に励む集団が形成されました。

かれの布教活動には、権力者からの弾圧もなければ人を驚かすような奇跡もありません。ブッダとなってから四十年以上布教活動をつづけ、八十歳の時、旅の途中で体調を崩し亡くなりました。仏教では入滅といいます。ガウタマは、自分の遺骨の供養にかかずらうな、そんなことよりも、正しい目的のために努力せよ、と弟子たちに言い残して死んでいきました。

アショーカ王

ガウタマの死後も、仏教は権力者に保護されて発展していきました。仏教保護で有名なのが、マウリヤ朝のアショーカ王（在位前二六八頃〜前二三二年頃）です。この王は、インドをほぼ統一したのですが、その過程で敵国の住民を大虐殺しました。そのことを悔いて仏教に帰依《きえ》したと伝えられています。実際にはジャイナ教も保護しているので仏教だけを信じたわけではありませんが。

仏教史上重要なのは、アショーカ王が、王子をセイロン島に派遣して仏教を伝えさせたことです。ここから、仏教が東南アジアに広がっていきました。この系統の仏教を南伝仏教、または、上座部《じょうざぶ》仏教といいます。日本に伝わった北伝仏教（大乗仏教）と異なり、より古い形の教えを伝えています。

また、アショーカ王は第三回仏典結集をおこないました。結集は伝統的な読み癖で「けつじゅう」と読みます。仏典結集というのはガウタマの教えが時とともに食い違っていかないように、各地の仏僧が集まってそれぞれのグループが伝えているブッダの教えを確認しあう大会です。

第一回仏典結集はガウタマの死後すぐにおこなわれ、第二回はそれから約百年後、そしてアショーカ王が主催したのが第三回です。

面白いことに当時はまだガウタマの教えを文字に記録していません。ブッダの教えが文字に記録されるのは一世紀くらいからです。ですから、口伝えでブッダの教えが受け継がれていました。仏典結集の場では、誰かが暗唱します。誤って伝えられていないか、他の僧たちがずっと聞きつづける。皆の記憶と食い違いがなければ、「それでよい」と確認しあうのです。口伝えの伝統はお経に残っていて、すべての仏典は「私はこう聞いた」という意味の言葉から始まっています。日本に伝えられている漢訳仏典も同じです。ブッダの弟子が、「師の教えをこんなふうに聞きました」と前口上しているロ調をそのまま伝えているのです。

カニシュカ王

一世紀から三世紀にかけてインド西北部から中央アジア（現在のアフガニスタン方面）にかけてクシャーナ朝という国がありました。

この国のカニシュカ王（在位一三〇～一七〇年?）も、仏教を保護し第四回仏典結集をおこないました。

また、この王朝でガンダーラ美術と呼ばれる仏教美術が誕生しました。元来、インド人には仏像を作る風習はありませんでした。ガウタマの生涯を描いたレリーフなどが作られてもブッダの部分だけは空白で表していたのです。これはユダヤ教、キリスト教的な偶像崇拝禁止ということではなく、解脱してこの世界のものではなくなったことの表現でした。

ところがクシャーナ朝の領土には、アレクサンドロス大王の東方遠征の時にやってきたギリシア人兵士の子孫たちがいました。ギリシア文化は彫刻を得意とします。このギリシア系の人々が仏教徒になり、ブッダを彫刻に刻んだものがガンダーラ美術です。これに影響されて、のちにはインドでも仏像を製作するようになりました。

クシャーナ朝の領土である中央アジアは、中国とペルシア方面を結ぶ東西交易路、いわゆるシルクロードが通っています。このルートを通って、中国、朝鮮、日本へと仏教は伝えられました。これが北伝仏教です。この時期の仏教は、大乗仏教と呼ばれるものに発展変化していました。したがって、北伝仏教は大乗仏教です。

大乗仏教の成立

すでに触れたように、インドの宗教は出家して修行しなければ解脱できません。しかし、すべての人が日常生活を放棄して出家できるわけではなく、多くの信者は在家のまま、修行者にお布施をして徳の高いお坊さんのそばにいられることで満足していました。

さて、ガウタマが死んだときの話です。ガウタマが亡くなったとき、修行を積んだ高弟たちは、この世の無常であることを知っているので悲しみに耐えながらも冷静でした。

しかし、ガウタマを慕っていた在家信者たちは感情のままに嘆き悲しみました。そして、亡きガウタマに執着し、その遺骨を欲しがりました。ガウタマ自身は、遺骨の供養にかかずらうなと言い残しましたが、関係ありません。少しでもガウタマのそばにいたい、その徳にあやかりたいという素直な気持ちの表れです。結局、ガウタマの遺骨は八部族に分けられたといいます。

遺骨を手に入れた在家信者たちは、遺骨を埋葬しその上にストゥーパという供養塔を建てました。ストゥーパにお参りしてはガウタマを偲び、自分たちの信仰を守りつづけたのです。ガウタマの信者はインド全域にいたので、信者のグループがいる地方にはどんどんストゥーパが建てられました。その地下には分けてもらったガウタマの遺骨の一部を納めます。ストゥーパは仏教の広がりとともに、インドを超えてアジア各地に広がっていきました。中国から朝鮮を経て日本にも。たとえば有名な法隆寺の五重塔。インドのストゥーパとはすっかり形が変わっていますが、あれもストゥーパです。ですから、五重塔の下にもインドからもたらされたガウタマの遺骨の一部が納骨されていることになっています。

世界中に仏塔はどのくらいあるかわかりませんが、その地下には必ずガウタマの遺骨が納めてある建前です。だからガウタマの遺骨はどんどん細かく分割されて米粒ほどに小さくなっており、これを仏舎利《ぶっしゃり》といいます。寿司屋さんで米のことをシャリというのはここから来ています。世界中の仏舎利を集めると数十人分の人骨になるそうです。これを笑うのは簡単ですが、少しでもガウタマの側《そば》にいたいという在家信者の強い想いのあらわれなのです。

大乗仏教の特徴

話をガウタマ没後の古代インドに戻しましょう。ストゥーパを中心に在家信者の信仰は受け継がれていきましたが、ガウタマをいくら慕っても、かれはすでにこの世にはなく、また、在家信者たちは在家であるかぎり決して救われることはありません。ところが、このような在家信者に寄り添い、その信仰心に共感し、かれらが救われる可能性を模索した修行者や仏教理論家たちがあらわれました。かれらによって大乗仏教が生み出されました。

大乗仏教の大乗とは、大きな乗り物ということです。出家修行者だけではなく在家信者も悟りの世界、つまり彼岸に乗せていってくれる大きな乗り物です。これに対して出家者しか悟ることのできない従来の仏教を、大乗仏教側は、小さな乗り物＝小乗仏教と呼んでけなしました。

大乗仏教は歴史上実在したガウタマ＝ブッダ以外に理念としてのブッダの存在を考えます。ブッダの教えを「法」＝ダルマといいますが、そのダルマそのものがブッダである、と考える。宇宙の法則の中に永遠のブッダが存在している。この考えは、ガウタマの死＝不在が在家信者にあたえる虚しさを慰めることにもなりました。

大乗仏教は歴史上のガウタマ本人の教えと違うのではないか、という主張が昔からあります。ただ一般的な理解としては、大乗も仏教です。ガウタマの教えが理論的に発展していったものと考えるべきでしょう。

先に、ガウタマが悟りをひらいたときの話として、いったんは誰にも理解できないから法を説くのはやめようと思ったが、考え直して布教活動をはじめたと書きました。ここから、そのようなガウタマであれば在家信者を見捨てることもないはずだ、在家信者に対しても悟りをひらけるまで教えを説きつづけてくれるはずだ、という考えが生まれました。そこで、大乗仏教は菩薩《ぼさつ》という存在を考えました。菩薩は、悟る力があるけれど、他のみんなが悟りをひらくまで待っていてくれる。他のみんなが悟りをひらいたときにはじめて自分も悟りをひらく、そういう有り難い修行者です。菩薩は現実にいるかもしれませんし、また理念的宇宙的な存在でもあります。ブッダに対する信仰とともに菩薩に対する信仰も生まれ、弥勒《みろく》菩薩、文殊《もんじゅ》菩薩、地蔵菩薩など様々な菩薩が考え出されました。

それまでの経典とは別に、大乗仏教の経典も作られます。本来お経はガウタマの言葉を弟子たちが伝えたものですが、ガウタマの死後成立した大乗仏教の経典は、当然ガウタマの言葉ではありません。そんなお経は偽物ではないかと疑問が湧《わ》きますが、大乗仏教側としては、ガウタマの言葉でなくても、悟った者＝ブッダの言葉であればお経として認められる、大乗仏教経典に書かれた教えは偉大なものであって、ブッダ以外に述べられるはずがない、という理屈を展開しました。

いったい誰が大乗仏教のお経を書いたのかというと、これがまったくわかりません。南インドの鉄塔の中や、海の底の竜宮から見つけだされた、という触れ込みで続々と大乗の経典は登場しました。『般若心経《はんにゃしんぎょう》』『維摩経《ゆいまきょう》』『法華経《ほけきょう》』『無量寿経《むりょうじゅきょう》』など中国経由で日本に伝えられたお経の出自はみなこのようなものです。

では、悟った人が書けばお経として認められるかというと、そうでもありません。インドで作られたことが必要条件です。中国で作られたお経もありますが、インドに原典が無いものは偽経といってニセモノ扱いをされます。また、インドで作られても、いわくありげに出現しないとだめらしく、作者がわかっている大乗経典はありません。確かなことは、大乗経典が存在しているからには、在家信者が救われる仏教をめざして、自らの名誉などつゆほども考えず黙々と経典を作成した菩薩のような僧侶《そうりょ》が実在したということです。

大乗仏教の理論を大成した人物がナーガルジュナです。龍樹《りゅうじゅ》と漢訳し、龍樹菩薩とも呼ばれます。二世紀から三世紀にかけての南インドの人です。『中論』などの大乗仏教の理論書を著しました。

かれの重要な業績は、ガウタマの説法にあった「空《くう》」の概念を発展させ、大乗仏教の中心的な理論としたことです。『般若心経』の有名な一節「色即是《しきそくぜ》空《くう》、空即是《くうそくぜ》色《しき》」の空です。訳せば「存在するものは空である、何もないものは存在するものである」。論理的に理解しようとしても意味不明です。そもそも、ガウタマは悟りの境地を言葉で説明はできないと考えていました。「空」の理論も、ナーガルジュナをはじめとして多くの仏教理論家が解釈解説を加えてきましたが、言葉をいくつ重ねても届かないところにある、世界と自分の存在のあり方を、直感的に深いところでとらえた言葉が「空」なのだと思います。これが、大乗仏教がアートマンに迫る方法なのです。

ナーガルジュナには伝説があって、かれは竜に導かれて海底の竜宮城に行き、そこでお経をたくさんもらって帰ってきたというのです。不思議な話ですが、ひょっとしたらナーガルジュナ自身もお経を書いたのかもしれないと思わせるエピソードです。

インドで消えた仏教

仏教はインドにおいて、大乗仏教、さらに密教へと変化を遂げていきますが、十三世紀初めにいったん消滅します。直接の原因は、仏教の教団根拠地であったビクラマシラー寺院がイスラーム勢力に破壊されたためです。しかし、寺院が壊されたくらいで無くなってしまうということは、もうすでに一般民衆の信者はほとんどいなかったのではないかと思われます。

その理由のひとつは、仏教理論がどんどん高度化、緻密化《ちみつか》し、寺院の中で学僧たちが哲学的議論を闘わせるだけで、民衆からは遊離した存在になっていたこと。また、仏教が説いた中道の考え方は、曖昧《あいまい》でわかりにくく、徐々に理解されなくなっていったということ。これらの理由で、仏教は民衆の土着的な信仰に根ざしたヒンドゥー教に取って代わられていったのです。

現在のインドには少数ですが仏教徒がいます。これは、第二次大戦後、インドの初代法務大臣アンベードカル（一八九一〜一九五六年）に始まります。不可触民出身だったアンベードカルは、カースト制がある限り差別はなくならないと考えました。カースト制のないインド社会を作るためヴァルナ制を否定した仏教に改宗し、人々にも集団改宗をすすめたのです。ただ、改宗したのはアンベードカルと同じ不可触民の人々だけでした。現在でもそれ以外の人にはなかなか広がっていないようです。

ヒンドゥー教の神々

紀元前五世紀以後、仏教やジャイナ教の登場で、衰退したバラモン教ですが、その後各地の民間信仰を採り入れながら徐々に変化していきました。やがて、民衆化したバラモン教はグプタ朝（四世紀〜六世紀）時代にはヒンドゥー教として形を整えてきました。現在のインドの八割近い人がこのヒンドゥー教の信者です。

ヒンドゥー教の特徴は多神教であることと、カースト制を積極的に肯定していることです。人身象頭の神ガネーシャ、孫悟空の原型ともいわれる猿の神ハヌマーン、インドネシア航空の名前になっている鳥の神ガルーダなどヒンドゥー教には様々な神がいます。そのなかで、代表的な三大神がブラフマー、ヴィシュヌ、シヴァです。ブラフマーは創造の神、ヴィシュヌが世界維持の神、シヴァが破壊の神です。

破壊の神シヴァが一番人気があるようです。ヴィシュヌ神は、それ自体ではシヴァ神ほど人気はありませんが、化身といって、姿を変えて人々の前に現れるとされ、それぞれの化身の姿では人気があります。化身は、ヒンドゥー教が様々な宗教や地域の神々を取り込む方法のひとつだったのでしょう。いつの頃からかブッダもヴィシュヌの化身とされるようになりました。ヒンドゥー教徒は、これら多くの神の中から特定の神様を熱心に信仰します。基本的には、現世利益の宗教です。

マハーバーラタ

ヒンドゥー教に体系的な教義や経典はありません。経典に準ずる扱いをうけているのがインドの二大叙事詩である『マハーバーラタ』と『ラーマーヤナ』です。物語なのですが、ヒンドゥー教の教えが盛り込まれており、インド人は、これらの物語に親しむうちに、自然にヒンドゥー教の発想を身につけていきます。両方とも長大な物語で、長い年月をかけて徐々に話が整えられ、グプタ朝時代には完成したと思われます。現在、インドだけでなくインドネシアなどでも広く知られ愛されている物語です。

ここでは、『マハーバーラタ』にそって、ヒンドゥー教の考え方を見ていきましょう。

長大な物語に様々なエピソードが盛り込まれていますが、主となるのはクル族の戦争の物語です。クル族が二つに分裂し、他の国々をまきこんで大戦争を起こす、その戦いの発端から終末までを雄大に描きます。もちろん架空の物語です。

そのなかでこんな場面があります。決戦の真っ最中です。両軍が大平原で対峙《たいじ》するなか、一方の陣地から王子アルジュナが戦車に乗って、敵陣に向かって出撃します。アルジュナは知恵と武勇を兼ね備えた戦士です。かれの戦車の御者は同盟国の王であるクリシュナという人物でした。クリシュナは実はヴィシュヌ神の化身です。

敵陣に突進する途中で、アルジュナは急に迷いに落ち、御者クリシュナに命じて、両軍の真ん中で戦車を止めさせます。どうしたのかと問うクリシュナに、アルジュナは胸の内を明かします。一族の者や仲間や師を殺してよいものか悩んでいる、と。敵軍といっても同じ一族が分かれて争っているので、その中には多くの親戚《しんせき》や先生や友人がいるわけです。

これに対して、クリシュナは答えます。これがすごい。

「迷わず殺せ！」

そして、アルジュナの迷いを払拭《ふっしょく》するために、クリシュナはアルジュナが何をなすべきか、如何《いか》に生きるべきかを、諄々《じゅんじゅん》と説きはじめます。これがヒンドゥー教の神髄といわれ、この部分だけが特に取り出され『バガヴァッド・ギーター』という聖典にもなっています。

クリシュナは説きます。すべて生きるものは輪廻《りんね》から逃れられない。いつか死んでまた生まれ変わるのだから、いつ死のうとそれは大した問題ではない。だから殺すことを迷うな。いつか必ず死ぬのだから、今お前が殺しても同じことだ、と言います。すさまじい発想です。一歩間違えると殺人を正当化する論理になりそうです。

さらに説きます。お前はクシャトリヤである。クシャトリヤの義務は戦うことにある。だから戦うことに迷うな。義務を果たせ、と。義務を果たさないことは不名誉なことなのです。

前近代のインド社会で、人は自分の意志で仕事を選ぶことはありません。親の仕事をそのまま継ぎます。そういう社会で、義務を果たせということは、必然的に自分の生まれながらの身分、門地、職業を黙って受け入れろ、ということになる。だから、ヒンドゥー教はカースト制を守る宗教なのです。

現代の感覚からは抵抗感がありますが、叙事詩なので実際に読んでみると心を揺さぶるような表現で語られています。

「あなたの職務は行為そのものにある。決してその結果にはない。行為の結果を動機としてはいけない。また無為に執着してはならぬ。」

結果を恐れず、なすべきことをなせ、と言っているのです。こういう一節を取り出すと、それなりに勇気づけられるところがあります。

この教えの根底には、やはりウパニシャッド哲学があります。行為があれば業《ごう》が生じます。よい来世のためには、よい業を積まなければならない。クリシュナが教えているのはよい業を積むための方法なのです。結果にとらわれず行為そのものに専念すれば、その行為は神への祭祀《さいし》となると考えるのです。最高神クリシュナ＝ヴィシュヌ神に帰依《きえ》し、悟りの境地をめざして行為に専心すれば、アートマンが輝き出てブラフマンと一体化する。そうクリシュナはアルジュナに説きつづけるのです。

こうして最後にはアルジュナは、使命にしたがって戦うことを決意するのです。

このあと物語は、クリシュナも含め主要人物がほとんど死に絶えるほど壮絶な戦闘ののち、最終的にはアルジュナ王子の陣営の勝利で終わります。

ヒンドゥー教は、自己の義務をなしとげることをすすめます。まず、ヒンドゥー教徒として宗教的義務を果たし、生まれた身分にしたがって、働き結婚し子供を育てるという社会的義務を果たすこと。政治的、経済的利益を追求することも、性愛を含めた享楽を追求することも義務の一部として認められます。出家修行は、これらすべての人生の義務を果たしたあとにすればよいとされます。

要するに、ヒンドゥー教は、一般民衆には強いて解脱を要求せず、神々に帰依して運命を受け入れなさい、と教えます。普通に社会生活を送っている大多数の人々にとっては、現実的、実際的な教えともいえます。神々に素朴に祈りを捧げる庶民の日々の願いをすくいあげながらヒンドゥー教はインドに根づいていったのでした。

7　近代以降のイスラーム世界

脱イスラームの改革

現代の国際関係を考える参考として、近代以降、西欧文明と資本主義経済が世界を覆っていく中で、イスラーム世界がどのように対応してきたかを素描しておきます。

十九世紀以降、西欧列強は世界各地に進出し、圧倒的な軍事力を背景にアジア諸国に不平等条約を押しつけていきました。西欧の脅威にさらされたイスラーム諸国では、政治体制や社会の動揺を、西欧をモデルにした近代化改革によって克服しようとする試みと、イスラームの危機と捉えイスラーム教に立ち帰ることで西欧に対抗していこうという二つの動きが生まれました。

ロシアやイギリス、フランスに圧迫されていたオスマン帝国は西欧化の方向をとりました。一八三九年にはタンジマート（恩恵改革）と呼ばれる行財政・軍事・教育などの各分野にわたる近代化改革を開始しました。一八七六年には、アジア初の憲法であるミドハト憲法を制定し、立憲君主政のもと国会も開設されました。これらの政策は、反動政策をとった皇帝の登場や厳しい対外情勢もあり、必ずしも効果をあげたわけではありませんが、オスマン帝国の改革の方向性を定めました。これが、はっきりと形をあらわすのが、第一次大戦後です。

オスマン帝国は、第一次大戦ではドイツの同盟国として参戦して敗れました。連合軍に占領され、領土分割・国家消滅の危機に陥ったときに、国民を糾合して占領軍を駆逐し、国家の独立を守ったのが軍人ムスタファ・ケマル（一八八一〜一九三八年）でした。ムスタファ・ケマルは、一九二三年にオスマン皇帝を退位させ、オスマン帝国に代わりトルコ共和国が成立しました。初代大統領となったムスタファ・ケマルは、脱イスラーム化政策をすすめました。一九二四年にはカリフ制を廃止、マドラサ（イスラーム法学校）とイスラーム法廷を閉鎖、二八年にはイスラーム教を国教と定めた憲法の条文を削除し、イスラーム世界ではじめて政教分離を実現しました。また女性のベール着用も禁止しています。

こうして国民の大部分がムスリムでありながら、トルコは欧米諸国や日本と同様の世俗国家となり、現在もその体制がつづいています。

ムスタファ・ケマルの大胆な政策は、オスマン帝国時代からの改革の延長線上にあったといえるでしょう。

十九世紀初めにオスマン帝国から自立したエジプトもヨーロッパを目標として近代化をすすめていきました。西洋式の陸海軍の創設、造船所、官営工場の建設、教育制度改革などをおこないました。一八六九年のスエズ運河完成式典には、カイロの大歌劇場でイタリアの作曲家ベルディによるオペラ「アイーダ」が初演される予定でした（実際の初演は一八七一年）。このオペラは、エジプト総督（事実上の国王）の依頼で製作されたのです。エジプト支配層のヨーロッパ文化への傾倒ぶりがわかります。皮肉なことに、エジプトはこの後スエズ運河建設費のため財政が破綻《はたん》し、イギリスに支配されることになってしまいましたが。

イスラーム主義からの抵抗

一方で、西欧列強の侵略に対して、反西欧の主張を掲げてイスラーム社会の連帯と改革を唱えた人物がアフガーニー（一八三八〜九七年）です。かれは、アフガニスタン、イラン、イスタンブール、カイロなど各地を巡り、イスラームの連帯を訴えました。さらに、ロンドン、パリ、モスクワを訪れ、政治結社の結成や出版事業によって、西欧に抵抗するためのネットワーク作りをおこないました。最も早い時期にイスラームの団結をめざすパン・イスラーム主義を唱えた人物でした。

これとはまったく別の動きですが、十八世紀半ば、アラビア半島でワッハーブ派という宗派が生まれました。ワッハーブ派は、『コーラン』に書かれていない信仰の形を認めず、ムハンマド時代の正しい教えに帰れと主張するイスラーム原理主義です。

ワッハーブ派はアラビア半島の豪族サウード家と結びつき、半島にワッハーブ王国を建設、十九世紀初めにはメッカとメディナの二聖都を支配するまでに発展しました。いったんはオスマン帝国とエジプトに滅ぼされましたが、二十世紀初頭に復活しアラビア半島の大半を支配しました。これがサウジアラビア王国です。現在も西欧文明の影響を極力排除し、最も厳格にイスラーム教を守っている国のひとつです。

イランでは、第二次大戦後、国王パフレヴィー二世（在位一九四一～七九年）が近代化政策をすすめました。農地改革、工業化、女性参政権の付与など様々な改革は、トルコのムスタファ・ケマルを手本にしたような、西欧化と脱イスラーム化をめざすものでした。しかし、改革により貧富の差が広がると、国王の独裁政治とあいまって国民の不満が高まりました。この不満を結集したのがイスラーム教シーア派でした。一九七九年、イラン革命が起こり国王は亡命、シーア派の宗教指導者ホメイニ（一九〇一？〜八九年）が革命政権の最高指導者となり、イラン＝イスラーム共和国が成立しました。以後イランではイスラーム教を指導原理とした政教一致の国家運営がおこなわれています。また、イラン革命に刺激され、イスラーム圏ではイスラームの復権を掲げるイスラーム原理主義運動がひろがっていきました。

こうしてみると、十九世紀以来現代にいたるまで、イスラーム世界では、西欧化するのか、イスラーム教を強化するのか、二つの方向の間で大きな振幅がつづいているようです。

ちなみに、イランとサウジアラビアは、同じイスラーム教による政教一致体制ですが、宗派も民族も異なり、外交政策ではイランは反米、サウジアラビアは親米で、両国は必ずしも友好協力関係にあるわけではありません。国際関係には様々な要因が絡んでおり、宗教政策のみをとりあげて現代政治の局面は判断できないという一例です。

さらに、中近東地域の政治を複雑にしているのがパレスティナ問題です。

第一次大戦とパレスティナ問題のはじまり

ことの発端は第一次大戦でした。先ほども触れたように、オスマン帝国はドイツ側にたって参戦していました。

連合国の中心だったイギリスは、行き詰まっていた対オスマン帝国戦を打開するため、アラブ人に反乱を呼びかけ、その見返りとして大戦後のアラブ人国家樹立を約束しました。オスマン帝国はアラブ地域を支配していたのです。一九一五年、アラブの名家ハーシム家とイギリスとの間でフサイン＝マクマホン協定が結ばれ、アラブ人は反乱に立ち上がりました。

その一方で、イギリスは一九一七年にバルフォア宣言を発表し、英米のユダヤ人財閥の支援を得るために、ユダヤ人国家をパレスティナ地方に建設することを約束しました。パレスティナ地方はアラブ人が住んでいる土地です。イギリスは、アラブ人とユダヤ人に相矛盾する約束をしたのです。

第一次大戦後、フサイン＝マクマホン協定にもとづき中東地域にはシリア、イラク、レバノン、トランスヨルダンなどのアラブ人国家が成立しましたが、パレスティナ地方にだけはアラブ人国家が作られませんでした。この地域はイギリスの委任統治下に置かれ、バルフォア宣言にもとづいて国家建設をめざすユダヤ人の入植がつづき、もとから住んでいたアラブ人（パレスティナ人）との紛争が頻発するようになりました。

イスラエルの建国

第二次大戦後、国連はユダヤ人とパレスティナ人によるパレスティナ地方の分割を提案して、両者の妥協を図りましたが、一九四八年、ユダヤ人が一方的にイスラエル建国を宣言したため、これに反対するアラブ諸国との間で戦争が勃発《ぼっぱつ》しました（第一次中東戦争）。翌年、停戦が成立しましたが、イスラエルは独立を達成し、約百万のパレスティナ人が土地を追われ難民となりました。

故郷を追われたパレスティナ人とこれを支援するアラブ諸国は、イスラエルと鋭く対立し、しばしば戦争を繰り返してきました。ユダヤ人にとって、敗戦はイスラエル滅亡を意味しますから、パレスティナ人とアラブ諸国に対し過剰なほど攻撃的な政策をとりました。対するパレスティナ人は、一九六四年、自らの政治組織、パレスティナ解放機構（PLO）を結成し武装闘争を展開しました。しかしパレスティナ人の戦いは、イスラエルにとってはテロであり、両者は互いの存在を認めず、報復の連鎖はつづき、流血事件は日常化していきました。これが、現在もつづくパレスティナ問題です。一九八〇年代後半以降、両者の間に共存を図ろうという動きも生まれていますが、和平への道は一進一退の繰り返しで具体的な進展はありません。

パレスティナ問題は、イギリスの無責任な政策に端を発しています。また、イスラエル建国が実現した背景には、ユダヤ人国家建設を後押しすることで迫害の歴史から免罪されたいという欧米諸国の意識（ナチス政権によるユダヤ人虐殺の衝撃はその意識を強めたにちがいありません）があるように思われます。西欧社会が生み出した矛盾を押しつけられたのがパレスティナ人なのです。

この矛盾はアラブ人とユダヤ人の対立からさらに発展して、現在ではイスラーム世界対親イスラエルのアメリカという構図にまで広がっています。このため、様々な問題が絡み合い複雑化しています。

9・11以後

二〇〇一年九月十一日、アメリカでハイジャックされた航空機四機による同時多発テロ事件が起きました。ニューヨークの世界貿易センタービルに旅客機が激突する場面は世界中に衝撃をあたえました。アメリカのブッシュ大統領はこれをイスラーム原理主義組織アルカイダの犯行と断定し「テロとの戦争」を開始しました。アルカイダに拠点を提供しているとして、同年十月にはイギリス軍と共にアフガニスタンを攻撃、イスラーム原理主義のタリバン政権を崩壊させました。アメリカの戦争はさらにつづき、二〇〇三年三月には大量破壊兵器を所持しているとの理由で、イラクを攻撃し（今回もイギリス軍と共同）、サダム・フセイン政権を崩壊させました。

アフガニスタンでもイラクでも、アメリカの後見で新政府が樹立されましたが、アメリカ及びその同盟軍が駐留して新政権を支える状況がつづいています。両国ではアメリカ軍へのテロ攻撃がつづき、アメリカ軍のテロ組織掃討作戦は一般民衆を巻き添えにするため、ますます反米感情が高まるという悪循環がつづいています。

国際法上も疑念が残る一方的なアメリカによる戦争（イラクに大量破壊兵器はありませんでした）は、アフガニスタンやイラクだけでなく、ひろくイスラーム世界に対する攻撃とも受けとられかねないものであり、イスラーム世界での対米感情は極度に悪化しています。

一方で、イスラーム原理主義組織による自爆テロなど過激な活動が、世界にイスラーム教全体に対する偏ったイメージを広げています。

信仰が関係すると人は冷静さを失いがちですし、報道も常に中立冷静とは限りません。われわれは宗教対立が強調されているような出来事を考えるときには、丁寧に政治問題と宗教問題を選り分けていくことが必要だと思います。パレスティナ問題やイスラーム世界の政治動向をみていると、特にそれを強く感じます。

あとがき

ちょうど本書を書き終えた時に、ブッシュに替わったアメリカ大統領オバマが、エジプトを訪問しカイロ大学で演説をおこないました（二〇〇九年六月四日）。米国とムスリムが世界中で緊張に直面していることを指摘した上で「新たな始まり」＝関係改善を求めるもので、ブッシュ時代のアメリカ外交の方向転換を告げる画期的なものでした。

現実の政治の中でオバマ大統領が今後どう行動していくのかはわかりません。しかし、少なくとも、かれが語った宗教観は傾聴に値するものであり、世界中の政治指導者に共有して欲しいと思う内容でした。最後に、そのオバマ演説の一部を紹介して終わりたいと思います。

「アメリカ大統領として、イスラームへのいかなる偏見に対しても戦う責任があると感じている。一方でイスラーム教徒の側も、アメリカが自己中心的な帝国だという偏見を変える必要がある。双方は相いれないものではなく、正義や進歩、寛容や人間の尊厳といった理念を共有している。……『自分が他人にしてもらいたいようにほかの人にもする』という理念は、国を越え、すべての宗教に共通している。世界の人々が平和に暮らすことは可能なのだ。」